さわかみ流　図解 長期投資学

——最後に勝つ、財産づくりの仕組み

澤上篤人

講談社+α文庫

はじめに

２００５年を通じて上昇の一途をたどっていた株価が、２００６年は一転して下落基調となった。２月にはライブドア事件が起こり、６月には村上ファンドの代表である村上世《よし》彰《あき》氏が、インサイダー取引疑惑で逮捕された。

こうした国内の株式市場を根本から揺るがすようなスキャンダルが相次いだことに加え、米国でもインフレ懸念から金利を引き上げる動きが本格化。これが米国の景気後退観測や、世に言う「住宅バブル」の崩壊懸念《けねん》を呼び起こして株価が下落したことから、日本の株式市場の売り圧力をさらに強める結果になった。

でも、それがどうしたというのだろう。

私は長期投資家である。長期投資家は、こうした目先の材料で株価が下げたからといって、「持っている銘柄が塩漬けになってしまったから、動くことができない」、「もう株式投資なんて、真っ平ゴメンだ」などと嘆くことはない。「ここが買いのチャンス」とばかりに、悠然と買い進む。「本当に良い銘柄なんだけど、ちょっと株価が高いんだよなあ」と思っていた銘柄が、思いもかけぬ要因で、それこそ今までに比べて2割引、3割引の大バーゲンセールで買うことができるから、本当にゴキゲンなのだ。

ところで、長期投資は種を蒔《ま》いてから実りの秋を迎えるまでに、文字通り長い時間がかかる。

実りを待つ間、何が起こるか想像もつかない。経済情勢や投資環境などのいろいろな変化に翻弄《ほんろう》されて、当初の期待から大きく外れた結果となることもしばしば。

そんな不確実きわまりない遠い先の実りを期待する長期投資なんてゴメンだ。それよりも、ある程度は予測がつく短期の相場動向をとらえて、きちんきちんと投資収益を確保していくほうがよほど賢い。そう考えるのが一般的だろう。

実は、逆なのだ。どんな短期間の投資運用でも、刻々と変動する価格の波間を上手《うま》く泳ぎ切るのは難しい。信じられないかもしれないが、長期でのんびり構えたほうがよほど楽である。

投資運用とは、安い時に買って高くなったところを売ることで、リターンを手にしようとするもの。あるいは、高値で売っておいて、安値を買い戻してもよい。どちらも、価格変動を相手にすることに違いはない。

価格変動を相手に投資する限り、どんな投資家も時として大きな価格変動の波に飲み込まれるリスクは避けてとおれない。

短期投資なら小刻みな波が相手だから、機敏に対応できるというかもしれない。だが、小さな波が集まって、いつかは大波となるもの。いくら短期投資で上手く泳いでいても、どこかで大波を食らったら、元も子もなくなる。それが短期投資の世界では頻繁《ひんぱん》に発生する。

本格的な長期投資は、時々刻々と変動する小さな価格変動の波はすべて無視してしまう。大きな波だけを相手にする。それも、10年ぐらいの時間軸だ。だから、のんびり構えられる。

大きな波とは何か？　経済全体で「お金が大きく方向を変えて動く時」と考えよう。どんな方向でもよい。動きたいエネルギーが蓄積されていけば、いつかどこかでマグマは噴き出す。

そういったマグマの噴き出しを読み込んで、やがて押し寄せてくる大波に、早い段階から乗っかっておこうとするのが長期投資である。

エネルギーの蓄積は静かに進み、どこかで貯蔵限度を超えて爆発する。時間はかかるが、より大きなエネルギーが蓄積された分だけ、長期投資のリターンも大きくなる。

長期投資で一番重要なことは、将来の読み込み？　そのとおり。

将来に向けてのエネルギー蓄積を「どれだけ大きく、どれだけ合理的に」読み込むことができるか。そこに、長期投資のリターンが待ち構えている。

では、どうすれば将来の読み込みができるのか？　それも、できるだけ大きな時間空間で、かつ合理的に。

フローチャート思考法を身につけて、世の中の新しいエネルギー蓄積を観察し、マグマの噴き出しがどういった方向へ、どう広がっていくかを徹底的に考えることだ。

本書は、もともと執筆する気など毛頭なかった。自分自身、30年以上にわたって長期の投資運用に取り組み、すこしずつ「フローチャート思考らしきもの」を磨き込んできたものの、まだまだ勉強を重ねている身。それに、実際のファンド運用で毎日とことん考え抜いている。

とてもではないが、フローチャート思考法をあれこれ語っている暇はない。そんな暇があったら、もっともっと勉強し、考えたい。

さらに言えば、フローチャートには、「これ！」といった定型がない。それを作成する本人が、自分の好きなように、発想の趣くままに、どんどん書き進めていく類《たぐい》のものである。それを本にまとめたところで、いったいどうなるというのだろう。

実際、本書にまとめたフローチャートは、あくまでも私見に基づいたものであって、10人いれば10とおりの、100人いれば100とおりのフローチャートができるのである。

本になることで、読者に対して私見を押しつけることはできない。

２００２年６月、講談社の編集者である竹内稔氏と、（有）ＪＯＹｎｔ（ジョイント）代表でライターの鈴木雅光氏が弊社を訪れ、「フローチャートを用いた投資の本を作りませんか」という依頼を受けた時は、こうした思いもあって、きっぱりお断りさせていただいた。

ところが「それでは、私どもが勝手にフローチャートを作ってみますので、見ているだけで結構です。お時間のある時におつき合いください」などとケムに巻かれ（？）、彼らがフローチャート作成で四苦八苦するのを、横でニヤニヤ眺めることになった。

思えば、それが運のツキ。

それ以来かれこれ１年半、ほぼ週１回のペースで彼らは私のオフィスを訪れ、さまざまなテーマでフローチャート作りに挑戦した。といっても、最初からスムーズに発想が伸びるはずもなく、せっかちな私は、どうしても口を挟みたくなってしまう。

いつの間にか私自身がフローチャート作りに引きずり込まれ、気がつけば、これまで他の人にはしゃべったことのない、私なりにずっと考えてきたフローチャート作りのコツなどを、披瀝《ひれき》することになってしまった。

一読してもらえればわかるが、フローチャート思考は「こんなものかな」と思えたら、自分でどんどん考えてみることが大事。そのヒント集というか手引書として、本書を手もとにおいてもらえたら幸いである。

２００６年７月

さわかみ投信株式会社代表取締役
澤上篤人《さわかみあつと》

目次◉さわかみ流　図解　長期投資学

さわかみ流　図解　長期投資学

最後に勝つ、財産づくりの仕組み

第1章　あなたは「マイペースの投資」ができますか?

あなたは投資家？　それとも語り屋？

日本の投資家は、世界の経済情勢から昨日の為替《かわせ》相場やＮＹ《ニューヨーク》市場の動向まで、実に詳しい。

投資運用を専門にしている機関投資家に限った話ではない。個人投資家にしても、ものすごく勉強熱心である。

それでいて、実際の投資行動となると、「ああだこうだ言うだけで、さっぱりダメ」なのが不思議。せっかくの情報収集も宝の持ち腐れになるばかり。

サラリーマン運用者が多い機関投資家はもちろんのこと、個人投資家も自分のペースで投資運用を進めることが大の苦手。世界情勢や毎日の相場変動が気になって、なかなか行動できない。

普通、投資家は「おもしろそうだ」と思ったら、その投資チャンスに「よし、やってみよう」と勇気を奮《ふる》って飛び込んでいくもの。人より早ければ、それだけ投資リターンは大きくなる。

「虎穴に入らずんば虎子を得ず」は、投資家にとって永遠の真理。

ところが、日本ではせっせと情報を収集し「現状がどうのこうの」を語っては、もうそれで投資した気分になっている。そういった投資家が大半なのだ。

「まあ、よくも飽きずに」とつくづく感心するほどに、朝から晩まで景気動向や投資環境とかを話題にし合っている。それでいて、投資の行動に移る気配はなし。

株式投資するにしても「今期の業績はどうなる、来期はこうなる」と、皆カンカンガクガクとやり合う。その情報量たるや、個人投資家でも証券マン顔負けといったほどにスゴイ。

投資しないための情報収集？

笑えてくるのは、自信たっぷりに業績回復の予想を口にしながら、いつまでたっても自分からは買おうとしないこと。

それどころか「株式市場は売り方優先で下がり気味だから、ちょっと様子をみたほうが賢明だろう」などと、やらかしてしまうケースが圧倒的に多い。やっぱり「今の相場環境」が気になって仕方がない。

こんなこと書くと、蜂の巣をつついたように反論されるかもしれない。

「それって、別に普通じゃないの？　下げ相場だから様子をみて、どこがおかしいの？」

「株価全般が下がっているのは、それなりの理由が隠されているはず。どれだけ業績の見通しがよくても、ここは慎重に構えるべきじゃないの」といった反発を食らうのは間違いない。

こちらは「いくら相場動向を語っても、実際に行動しなければ投資収益はない。安いと思えば、さっさと買えばよいのに」と、言いたいだけなんだけど。

日本の投資家はいったい何のために、こうも必死に情報を集めるのだろう？　実際に投資行動に移らないのなら、経済や投資関係の情報など集めたところで何の役にも立たない。好きな音楽でも聴いていたほうが、よほどマシである。

そうはいうものの、日本には世界有数規模の株式市場があるし、株式投資も盛んに行われている。では、どんな投資スタイルが日本では一般的なのだろう？

初めに相場ありきが、日本の株式投資

日本の投資家は、相場動向をみながら買うか売るかの投資判断をする人が圧倒的に多い。いわゆる、相場追いかけ型の投資家である。

相場追いかけ型とは、株価の上昇トレンドにいち早く乗って、うまく値上がり益を得ようとする投資スタイルをいう。俗にいう値ザヤ稼ぎの投資だ。

もちろん、逆でも構わない。先行き値下がりしそうな株を空売りしておいて、実際に安くなった段階で買い戻す。上昇相場が崩れて下げに転じたのをみて、売り建ててもいい。

相場追いかけ型の値ザヤ稼ぎ投資を、図1に示してみた。

買いにしても売りにしても、相場追いかけ型の投資家は株価に動きがあって、初めて行

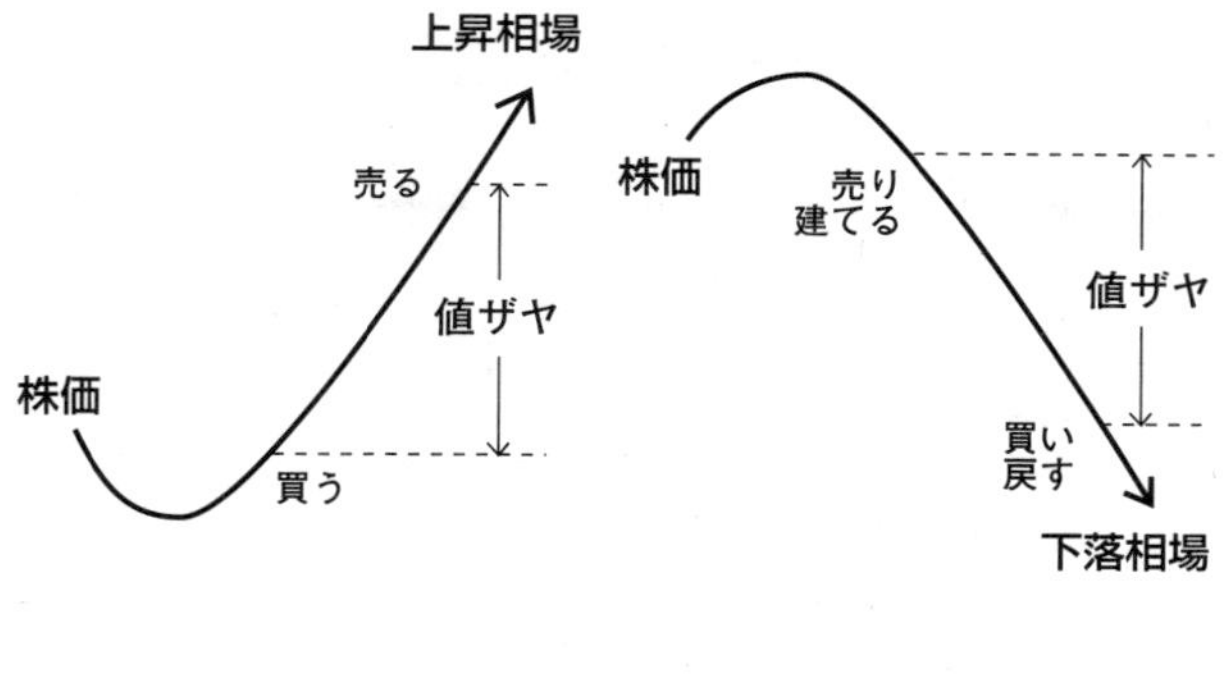

図1　相場追いかけ型の値ザヤ稼ぎ投資

動を開始する。株価が活発に動いてくれることで、値ザヤ稼ぎのチャンスは拡大する。

反面、相場全体や株価に動きがなければ、どうにも行動できない。株価の変動幅が小さすぎて、値ザヤが抜けそうにないのだ。そのあたりは、図2に示したとおり。

株価など、皆が買えば上がるし、売れば下がる。投資家がそれぞれ自分の判断で買いでも売りでも注文を出せば、すぐさま株価に動きが出るし、それが相場となっていく。市場では、まずはともかく投資家の行動があって、その足取りが株価形成となるはず。

ところが、日本の投資家はまず最初に値動きがなければ、値ザヤを抜くチャンスなどあり得ないと考える。だから、値動きが出てくるまで、じっと待とうということになる。これが、さっさと行動できない理由である。

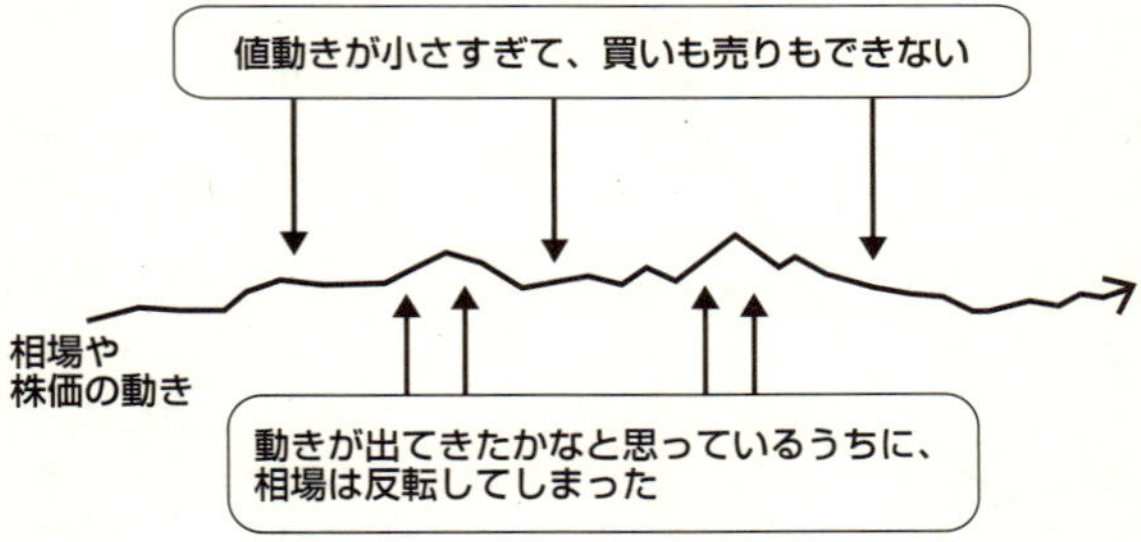

図2　相場に動きがないと、値ザヤ稼ぎを狙えない

そういった相場待ちの投資家が日本では大半を占める。ほとんど全員と言ってもいいだろう。

あなたはこんな株式投資をしていないか

日本で一般的な株式投資のパターンを、相場サイクルに沿ってどう変化するかみてみよう。

大きな上昇相場が終わった後などとりわけそうだが、株式市場全般に買い気が薄く、無気力な相場展開が続く。そういった時は株価全般に値動きがなく、どうみても値上がり益を取れそうにない状況と映るから、日本の投資家は株価に動きが出てくるのをじっと待つだけ。誰も積極的に買おうとしない。

そのうち、市場全体に売り飽き気分が蔓延《まんえん》してくる。一部で、株価がピクピクし始め

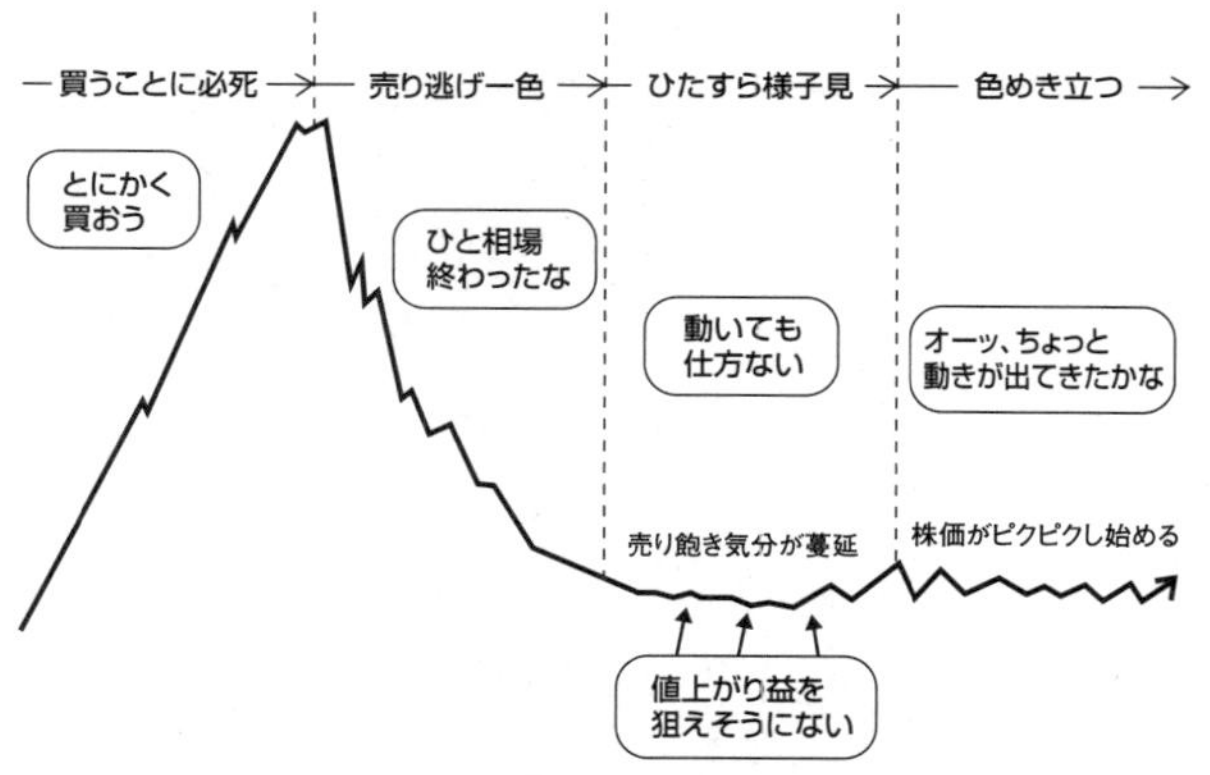

図3　相場展開と日本の投資家

る。

　無気力な相場が続いている間も、日本の投資家は新しい動きが出てくるのを注意深く見守っていた。だから、ほんのすこしでも「買い気が高まりだしたな」とみるや、たちまち全員が色めき立つ（図3参照）。

　株価がジリジリと高値を追いはじめたのを確認すると、もういても立ってもいられない。

「久しぶりの値上がり益チャンスだ。みすみす見逃す手はない」とばかり、皆がいっせいに買い群がってくる。

　かくして、新しい上昇相場がソロリソロリと動き出し、瞬《また》く間に回転を高めていく。そのイメージが図4である。

　この段階からの株価上昇ピッチは、尻上がりにどんどん加速していく。なにしろ株価が

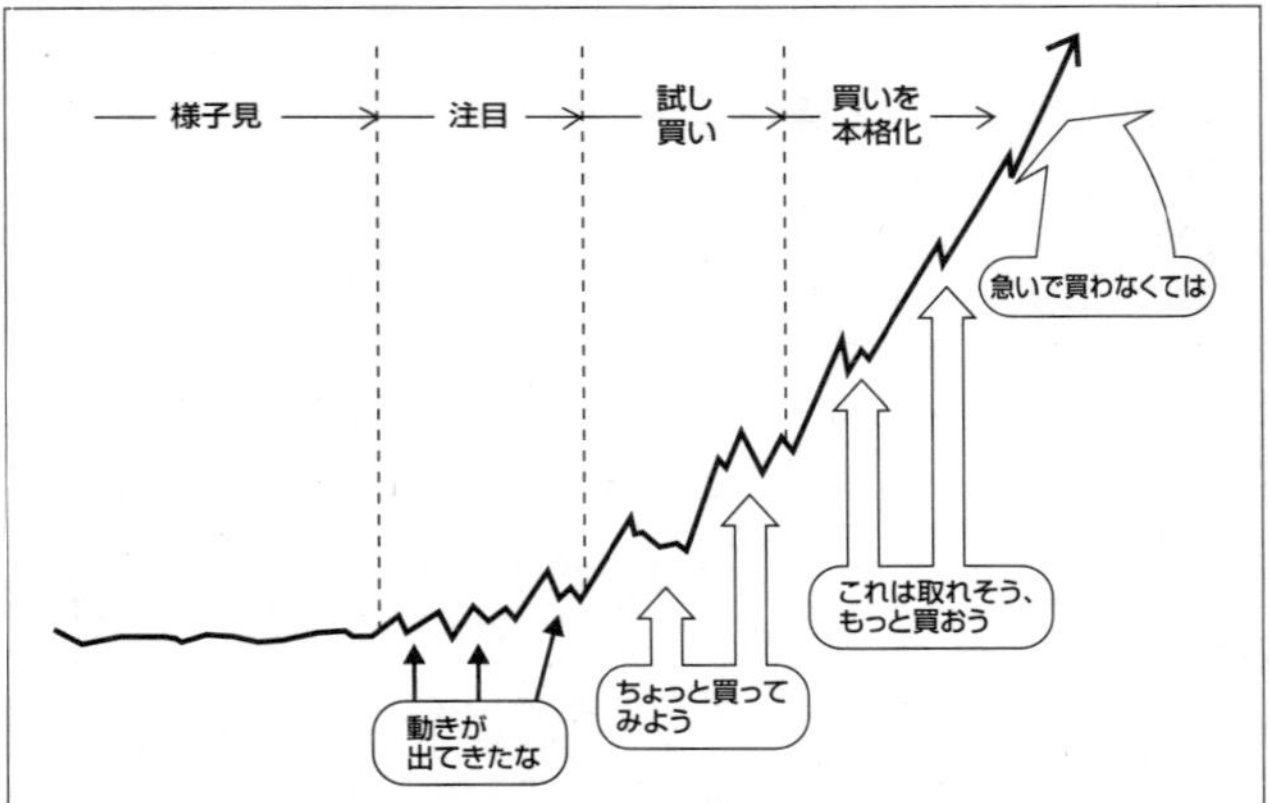

図4　こうして上昇相場ができていく

上昇するのをみては買いが殺到し、それがいっそうの株高を煽《あお》る好循環がスパイラル的に拡大していくのだ。

株価が上昇すればするほど、より広い裾野《すその》からより多くの買い人気を呼び込んでしまう。

その間も、日本の投資家は忙しい。どっしり長期保有するのは、ほんの少数派。大半は上昇相場での株価変動を小刻みにとらえようと、「買っては売り買っては売り」を繰り返す。株価が少し上がると、もう売って利益を確定したがる。そして、すぐまた買う。

なかには、うまく利食ったつもりがその後も株価が力強く上伸し、あわてて上値を買い直すケースも頻繁《ひんぱん》に発生する。

全員参加型の大相場と、その結末

新規の買い資金が次から次へと入ってくる。一方で、利食っては買い直し、また利食っては買う短期の回転売買がうなりを上げているのだから、株式市場は大活況となる。

いよいよ、日本の投資家が大好きな「全員参加型の大相場」の出現である。

しかし、どんな大相場も永久には続かない。いつかは天井を打ち、下げのトレンドに入る。

相場が下げに転じたと確認するや否《いな》や、日本の投資家はいっせいに売り逃げに走る。一部には空売りを仕掛ける投資家もいるが、大半の投資家は一刻も早く保有株を手放そうと必死になる。

皆が売り逃げを急げば、相場は当然のことながら大暴落となる。そういった局面では、海外なら「この下げを待っていた」という買いが必ず入ってくる。だが、相場追いかけ型の投資家が圧倒的に多い日本では、全員が売り逃げることしか考えない。

したがって、売り一色のなか、下げ相場の混乱は相当に長期間続く。

暴落相場の大混乱が一段落した後には、再び無気力相場がやってくる。皆が大ヤケドした後でもあり、買い気はどこかへ失せたまま戻ってこない。

こうなると、日本の投資家はもうピクリとも動けない。なにしろ、値上がり益も値下がり益も狙いようがないのだから。

投資家が誰一人として動かなければ、低位低迷相場はずっと続くしかない。その間、日本の投資家は「低迷相場がどうのこうの」と果てしなく語り合う。

「ニワトリとタマゴ」の図式

相場など、投資家が参加した結果にすぎない。どんな時でも、買えば上がるし、売れば下がる。買いが売りより多くなれば、上昇が始まるだけのこと。

ところが日本の投資家は、相場に動きがあって初めて値幅取りの行動を起こす人たちばかり。これでは、「ニワトリとタマゴ」の際限なき繰り返しとなるだけで、結構シンドイ。

なにがシンドイかといえば、日本には株価でも相場でも、値動きが出てこない限り行動できない投資家ばかりだという現実。日本の投資家は相場に動きが出てくるのを、ひたすら待つ。

じっと待つものの、誰一人として自分からは動かない。だから、待てど暮らせど市場の買い人気は高まってこない。

そんななか「相場に値動きさえ出てくれれば、いつでも買い出動できるのだが」といったイライラばかりが高じてくる。

一方で、いつまでたっても相場に値動きが見られないから、「当分はダメだ」と市場全体にアキラメ気分も漂い始める。

身動きのとれないイライラと、どうにも値動きが出てきてくれないアキラメというか無力感とが混在した状態を、日本では閑散相場と呼ぶ。

海外だったら、買うにしても売るにしても、投資家それぞれがさっさと行動してしまう。

自発的な投資行動（売買）がどんどん出てくることによって、時々刻々と株価が形成されていく。その株価変動が次なる投資行動を誘うことで、株式市場には常に動きがある。

この展開が日本にはない。投資家全員が値動きの出てくるのをじっと待つ。皆が待つだけだから、いつまでたっても相場に値動きが出てこない。まさしく、ニワトリとタマゴの関係。だからシンドイ。

日本の投資家を見ているだけで疲れてしまう。

相場動向そっちのけ、自分の投資あるのみ

米国のNY株式市場やナスダック店頭株市場にも、ヨーロッパ各国の株式市場にも、相場追いかけ型の短期投資家は大勢いる。短期売買で有名なディーラーとかトレーダーとかも、数限りない。

またヘッジファンドも、必ずしも短期張りとは限らないが相場変動を積極的に取ってや

ろうとする。

もちろん海外でも、上昇相場や下落相場はあるが、日本のような閑散相場というものはない。

どうしてかというと、海外の相場追いかけ型は相場に密着しつつも、得意とする短期投資あるいは投機を自分の判断でどんどん進めていく。だから、相場全体にいつでも動きがある。

いついかなる時でも市場に値動きを作り出してくれるのが、短期投資家の重要な役割である。小刻みかつ頻繁な値動きが積み重なって、大きな相場に発展していくものなのだから。

もちろん、各国の株式市場でも圧倒的な多数派を占めるのは、われわれのような長期投資家である。こちらは、目先の相場動向などにはまったく関心がなく、ひたすらマイペースの投資に徹して長期の投資収益を求める。

このように、欧米の株式市場ではいろいろなタイプの投資家が、それぞれ自分の投資スタイルとタイミングで市場に参加してくる。それが株式市場に動きと厚みをもたらす。

では、海外の投資家は何で動く？

大半の個人投資家は短期でドタバタ動かず、のんびりと長期スタンスで株式投資収益を手にしようとする。機関投資家が運用する巨額資金も、やはり長期のどっしりした株式投資運用が中心である。

彼らの株式投資は、基本に忠実そのもの。将来に向けて投資価値が高まっていくと思われる企業の株を、早い段階から買い込んで長期保有する投資を淡々と続ける。

これを「バイ・アンド・ホールド」型の株式投資という。その企業が期待に応えて利益成長してくれるにつれ、株価は上昇し投資収益も積み上がる、といった考え方をするわけだ。

長期スタンスの株式投資を展開するには、企業リサーチが絶対的に重要となってくる。1960年代後半ごろから、証券アナリストという職業が急速に台頭してきたのも、こういった背景がある。

しっかりした企業リサーチをベースに長期投資を貫く限り、目先の相場動向など無視して当然。無論、大きく下げた時は目いっぱい買えばいい。

米国最高の投資家と称賛されるウォーレン・バフェット氏は、「株を買った後、株式市場が2年、3年と閉鎖されても構わない。私はその会社が長期的な成長を続けてくれることを期待して長期保有するのだから、中途で売却する考えはない。したがって、株式市場が閉鎖されてもいっこうに困らない」と言ってはばからない。

バフェット氏の言葉は、相場追いかけ型あるいは相場密着型の短期投資家が聞いたら、ゾッとするに違いない。しかし、一代で4兆円近い財産を株式投資で築き上げた人の言葉だから重みがある。

かつて胸のすくような大相場師がいた

ちょっと、待ってくれ。じゃあ、日本の投資家はどうしてこうも相場動向を気にするのだろう？　なぜ、自分の投資スタイルを貫いて、さっさと行動できないのだろう？　海外と比べ、相場追いかけ型の投資家が圧倒的に多い日本では、自分の投資スタイルを築き上げた投資家が少ないのは仕方ない？

いやいや、とんでもない。

相場の読みやチャート分析主体の株式投資に関しては、昔から数多くの立派な研究がなされ、すぐれた理論も打ち立てられてきた。その意味での「相場環境どうのこうの」は、十分に説得力がある。

たとえば、かつて大坂（現在の大阪）・堂島《どうじま》の米相場で一世を風靡《ふうび》した本間宗久翁《そうきゆう》など、ものすごい相場師が日本にもきら星のごとく輝いている。

また、堂島の米取引では江戸時代において、もうすでに現在の先物取引が行われていた。世界最先端の取引技術が１００年以上も前に確立していたわけだ。

明治や大正のころも、すごい相場師や投機家たちが続々と顔を出している。海外のスペ

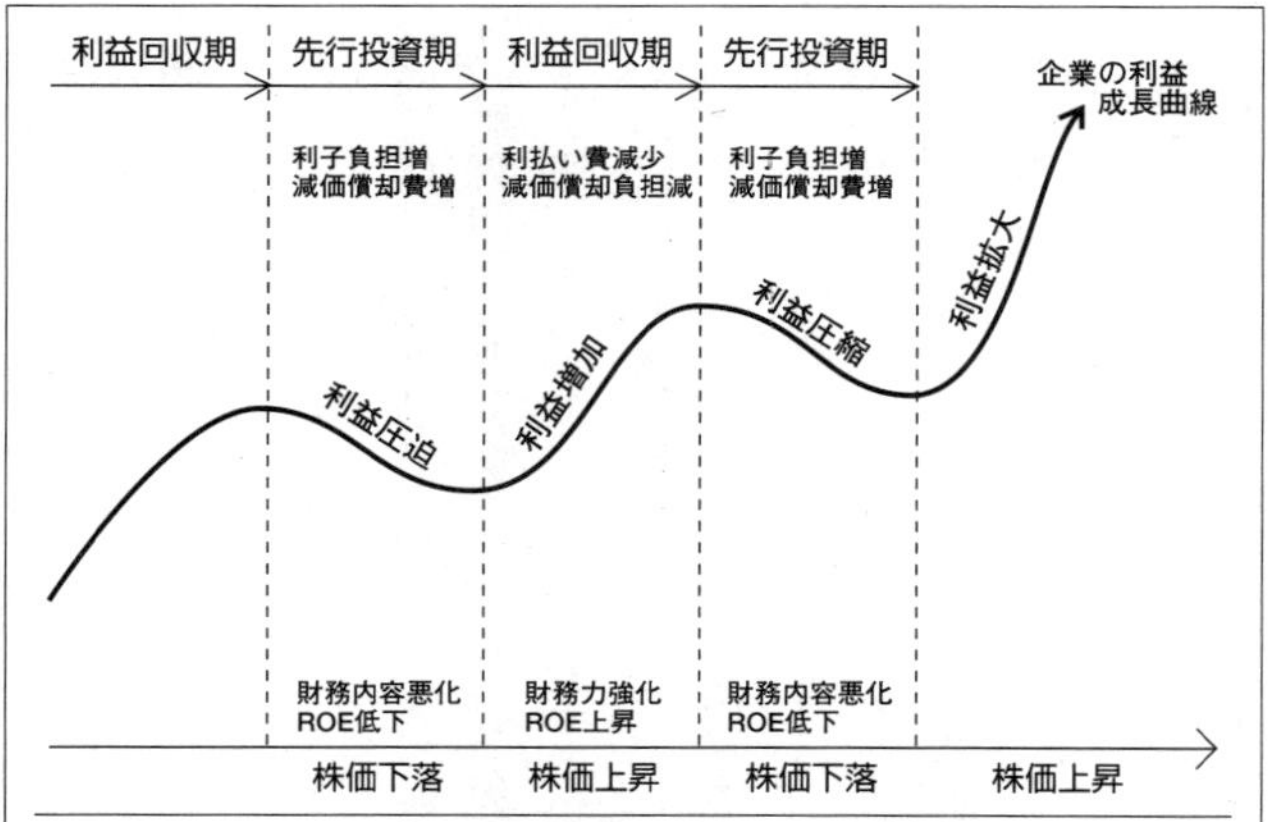

図5　企業の利益成長サイクルと株価動向

キューレーターたちと比べても、一歩もひけをとらない。

ただ最近は、大相場師といえる人たちがいなくなった。胸のすくような投機にも、さっぱりお目にかかれない。ちょっと残念なことだ。

あるのは、相場にうまく乗って値ザヤを稼ごうとする「相場追随型の日和見《ひよりみ》投資」ばかり。

本格的な長期投資家はいまだ存在しない

長期の株式投資というものを、図5で説明してみよう。どの企業も、将来の利益成長を目指して、ビジネス拡大のための先行投資をする。先行投資期は企業にとって、つらい時期である。設備拡大などのため外部から資金を調達した分、支払い利子負担が膨れ上がる。減価償却費も増加する。

先行投資期は、いろいろな支払い費用が増えるから、その分だけ利益は圧縮される。それは、そのまま財務内容の悪化とＲＯＥ（株主資本利益率）の低下に直結する。当然、株価は売られて下がる。

設備拡大や営業網強化が功を奏して売り上げが伸びてくると、利益回収期に入る。この段階では、支払い利子負担や減価償却費が急激に減少し、利益が一気に増える。その分だけ、財務内容は改善するし、ＲＯＥ値も高まる。もちろん、株価も上昇する。

ここで、きちんと理解しておきたいのは、「企業の利益成長は、先行投資あってこそ」という、絶対的な順序。

日本で株式投資というと、すぐ「利益成長はどのくらいか」と考えてしまう。そして、今期あるいは来期に予想される利益水準をベースに株を買おうとする。結果は、相場後追いで高値づかみしてしまうことが、しばしば。

残念ながら「企業の利益成長など、先行投資の結果」でしかない。そして、株価はいつでも業績に半年から1年は先行する。

ということは、利益が出始めたのをみて買いに行っても遅い？　そのとおり。株式投資をやるんだったら、企業が将来利益を目指して先行投資で苦しんでいる段階で、早くも買いに入らなくてはね。そのへんは、図6で示してみた。じっくり、眺めてみよう。

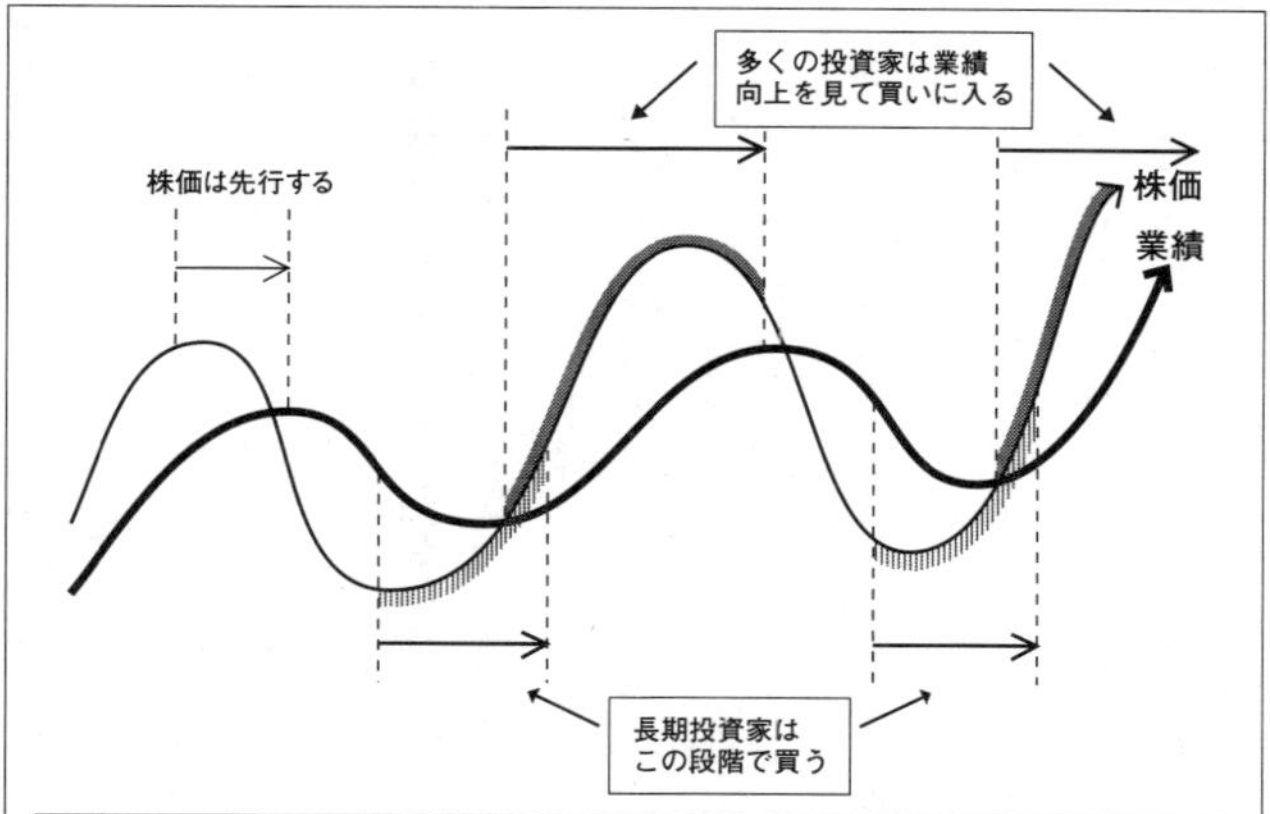

図6　株価はいつでも業績に先行する

長期投資家の買いタイミングは、図6でもよくわかるように、企業が先行投資負担でつらい思いをしている時だ。いずれ到来する利益回収期を目指して懸命に頑張っている企業を応援するつもりで、その会社の株を買う。

そういった行動で、結果的には、株価が将来の業績向上を先取りして上昇軌道に入っていく初期段階で買えることになる。株価の大底を狙って買おうとしたのではない。ただ、将来の利益拡大を期待して、その企業を応援しようと買っただけだ。

試しに日本で一般的な株式投資タイミングを、図6に当てはめてみるといい。日本では、企業の利益拡大を確認して、ようやく株を買おうとする。

業績急拡大中のタイミングで買いに入るのは、いかにも業績を買う本格的な株式投資らしくみえる。しかし、株価的にはかなり後追いとなってしまう。

日本の投資家がしばしば高値づかみする背景は、ここにある。まじめに業績を追いかけるのはいい。だが、株式投資は企業の将来利益を先取りすることだ。それを混同していては、投資リターンなど望めない。

高度な投資手法も、難しい相場理論も不要

前述したバフェット氏の投資に関する本を数冊、どれでもいいから読んでみると、よくわかる。難しいことは、ひとつも言っていないが、企業の長期的成長と投資リターンの関係を実に深く洞察している。

時代がどれだけ変わってもビクともしない普遍的な価値を追求している。その徹底ぶりに、凄《すご》みさえ感じさせられる。

同様に、本間宗久翁は「野も山も弱気なら、アホになって買い向かうべし」と説いている。目先の利を追いかけて右往左往する大多数投資家の、薄っぺらな相場観を超越した本物のリスク・リターン追求が言い表されている。

おふたりとも、投資運用や投機で巨財を成したのは、まぎれもない事実。そこから、われわれは何を学ぶことができるのだろう。投資リターンを手にするための真理とは？

おそらく「安く買って、高く売る」に尽きるのだろう。バフェット流に書き足せば、

「将来に向かって価値をどんどん高めていってくれる企業の株を長期保有していれば、投資収益は勝手に積み上がってくれる」ということだ。

そんな単純な、と笑ってはいけない。「安く買う」というが、暴落相場の真っただ中や、底なし沼のような下げ相場で、あなたは買いを入れられるだろうか？

「長期では成長すると思えるが、10年も20年も同じ銘柄を保有するのは、ちょっとどうも」と、言っていないだろうか？

バフェット氏のように、「ハイテク株はよくわからない。その技術を使うと便利なのはわかるが、果たしてその会社が5年10年と成長し続けるかどうかは、わからない。だから買わない」と言い切れるだろうか？

われわれも、せっかく投資運用するのなら、リターンを求めたいもの。それには、投資リターンにつながる方法論、それもできる限り単純で再現性の高い方法論を見つける必要がある。あとはその方法論を断固として貫ける意志の強さを磨き込むことだ。

「金持ちケンカせず」のマイペース投資

海外の投資家をみると、静かに着実に投資リターンを積み上げている人たちは、そこらじゅうにいる。

2年とか3年で、ものすごい投資収益を上げたといった派手な成功例もあるにはあるが、決して万人向けではない。一方で、10年20年たつうちに、2億円とか5億円ぐらいの財産を築いたケースは、ゴロゴロ転がっている。

その人たちに共通しているのは、「金持ちケンカせず」のゆったりした投資に徹していることだ。

もともと価値のあるものが、何かの理由で売られて安くなっているとしよう。そんな時、彼らは「このへんで買って、ずっと持っていれば、そのうち投資リターンにつながるだろう」といった程度の軽い判断で、さっさと買いにいく。

相場が過熱気味になってくれば、「ずいぶん利が乗ってきた。じゃあ、早めに手仕舞っておこうか」と、まったくのマイペースで利益確定の売りを入れる。決して「もっと上がるはずだ。せっかくのチャンス、目いっぱいとりたい」と目をギラつかせることはない。

こういった早め早めの投資は、リズムがよい。相場ごとの利益獲得幅は少なめでも、リズムがよいから次の上昇相場にも早い段階から乗っていける。この繰り返しで財産は増えていく。それを図7で示してみた。

早め早めのリズムよい投資を貫くには、どうしても「自分の投資スタイル」を確立する必要がある。新しい投資手法や他人の儲《もう》け話にフラフラせず、のんびりマイペースで自分の投資に徹するのは結構難しい。どうしても隣の芝生が青く見えてしまう。

「金持ちケンカせず」のマイペース投資家には、そのフラツキがない。

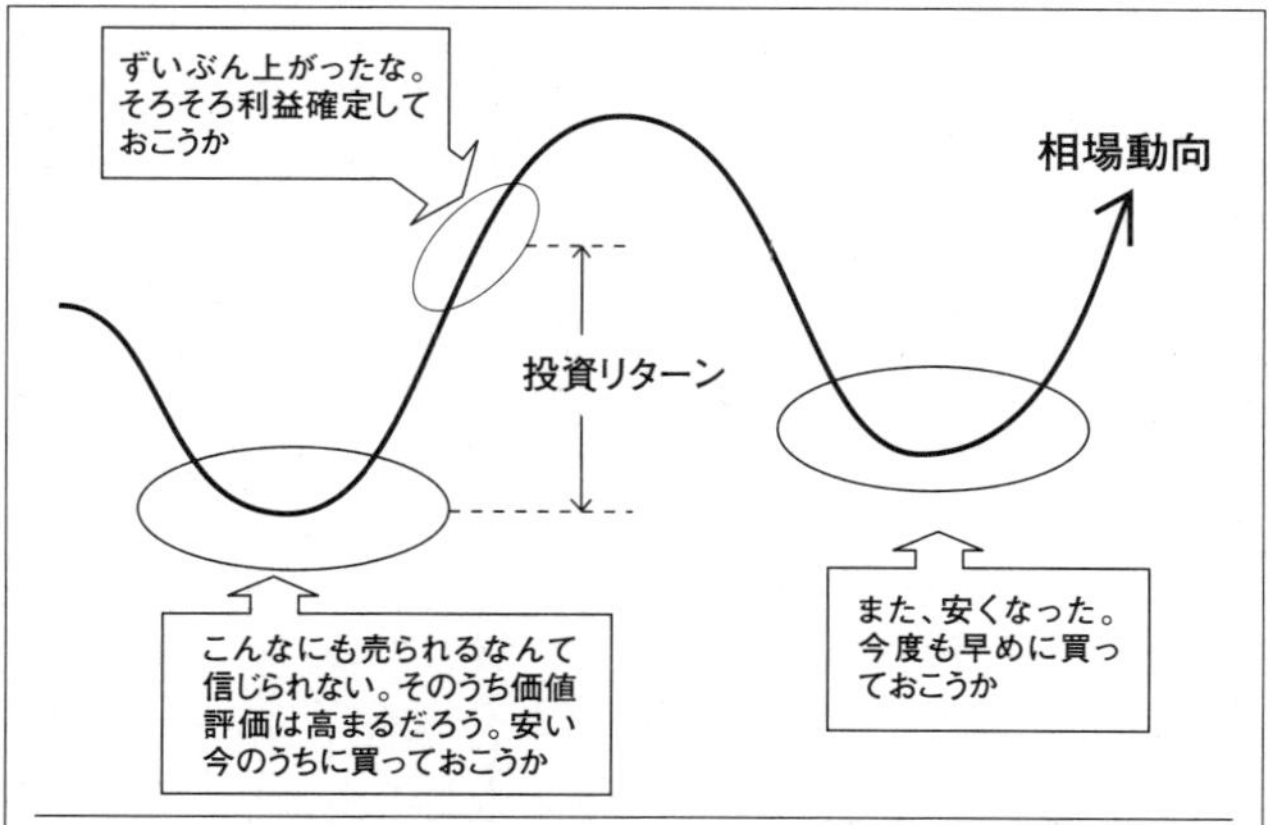
ずいぶん上がったな。
そろそろ利益確定して
おこうか
相場動向
投資リターン
こんなにも売られるなんて
信じられない。そのうち価値
評価は高まるだろう。安い
今のうちに買っておこうか
また、安くなった。
今度も早めに買っ
ておこうか

図７　「金持ちケンカせず」のマイペース投資

他人の利益がどうのこうのに気を散らされず、あなた自身がどこまで自分のスタイルに自信をもってやっていけるか？　ちょっと考えてみよう。

あなたの投資リターンはどれだけか？

「まず最初に相場ありき」の投資家が日本には多いけれど、それで本当に成功を収めた人はほんの一部でしかない。では、日本で一般的な運用リターンはいったいどのくらいだったのだろうか？

（財）日本証券経済研究所の調べでは、日本株の平均投資収益率は１９５２年から２００５年までの53年間で、年13・４％にものぼっている。

これはバブル崩壊後15年間の株価低迷を勘案した上での数字である。バブル以前の37年間では、なんと年20・2％にものぼっていたのだ。

果たして、どれだけ多くの投資家が、これだけの投資リターンを手にしてきただろうか？

世界に例をみない長期右肩上がり成長が続いた日本では、あまり難しいことを考える必要はなかった。これはと思える会社の株を買って10年20年と長期保有しているだけで、誰でも相当に大きな財産づくりができたはず。

年金も保険会社も、株式投資中心の本格的な長期運用をしていたならば、今ごろは途方もなく巨額の運用蓄積で、左ウチワだったに違いない。ところが、現実は運用の蓄積不足で、年金や保険会社の台所は火の車。

まずいことに、日本経済は成熟化し少子高齢化が急速に進展している。かつての右肩上がり成長は終わった。もうグダグダ言ってはおられない。

日本中が運用リターンを必要としている

年金問題や生保経営を考えるのが本書の目的ではないが、運用の蓄積不足はわれわれの生活や老後に大きな影響を及ぼす重大問題である。年金がどこまであてにできるのかは横へ置いても、個人個人が自分なりの対応策を講じておいたほうが、やはり賢明。

それには、手持ちの資金をできるだけ大きく増やしておくに限る。お金を増やすには、運用するしかない。では、どのような運用をしておけば、手持ちの資金をすこしずつでも増やせるのだろうか？

こう考えてくると、相場を追いかけては相場に振りまわされてしまうような、あてにならない投資では困る。胸のすくような投機も、そう簡単ではない。

どちらも、投資リターンが不安定すぎて、生活基盤の安定化も老後の設計もあったものではない。

どうすればいい？　やはり、相場変動に引きずりまわされることなく、安定感があって再現性の高い投資運用を考えるしかない。それが、本格派の長期運用である。

本格派の長期運用といっても、別に高度な投資理論や複雑な数式を駆使するわけではない。長めの時間軸で、どっしりと経済合理性を追求していくだけのことである。

生活感覚で景気のサイクルを判断しよう

ビジネスでも投資でも、安く買って高く売れば、それで利益が得られる。

安い時は皆が売る時で、高くなるのは皆が買ってくるから。だったら、皆が売っている時に買って、皆が買い群がってくるのを待って売ればよい。

これが経済合理性の追求であり、それを長めの時間軸で実践していくのが長期投資である。

長めの時間軸って、どのくらい？　投資運用なんて、計算通りに運ぶものではない。だから、長めの時間軸といったところで、具体的にどのくらいの期間かは言いようがない。具体的に5年とか10年とかの期間を決めずに、景気の大きなサイクルをとらえる意識でいい。

政府の統計やエコノミストが、よく景気が上向きだとか失速懸念とか言うが、あれは景気の小さな変動を時々刻々と追っているだけのこと。長期投資家は小さな景気変動など無視しよう。

生活感覚でみて「ひどい状況だ。不要な出費を切り詰めて、ギリギリの生活をしなくては」と、自分自身もまわりの人たちも厳しい状態に追い込まれている時が不景気。

一方、「世の中、えらい派手になっているよな。いくら金まわりがよくなったといっても、最近ちょっといきすぎじゃないの」と思えたら、景気は過熱状態に入ったと考えられる。

どちらも、経済統計などに頼ることなく、生活感覚で判断しよう。

たとえば、本書を執筆している2004年初頭より過去1年半を見ても、「景気は底割れの懸念がある」から「ここへきての株高で景気はやや上向き気味」にまで明るくなってきた。その全部を無視するのだ。

誰が何と言おうと、今は不景気だしデフレもまだ続いている。どう考えても「景気は過熱気味」とはほど遠い状況にある。

じゃあ、景気がよくなったと実感できるようになるのはいつごろだろう？ すくなくとも、3年や4年はかかるだろう。景気が本格的な回復段階に入って、過熱気味になるのは、さらにずっと先のことだろう。

ほら、これが長期投資家の景気サイクルである。生活実感で、不景気と景気過熱を判断する。決して、統計数字に頼らない。

それで、長期投資と景気サイクルの関係とは？

不景気の間は、何がなんでも株を買う

普通、景気が悪い時は企業の業績も落ち込むから、株を買うのも慎重になりがちである。むしろ、業績のさらなる悪化を避けるべく、持ち株を早めに売っておこうという気持ちになるものだ。

そういった時に、長期投資家は株を目いっぱい買っておこうとする。よく言われる逆張り投資の発想で株を買うのではない。

逆張り投資とは、市場全体で主流となっている価値観に対して、反主流とみなされる価値を追求することである。要は、今現在において不人気で市場から完全に無視されている銘柄群を買っておき、投資家人気が集まってくるのを待ち構える投資手法である。

これは結局のところ、相場追いかけ型投資の変形にすぎない。現在の相場動向の逆をやるわけだから。

長期投資家が不景気の間に株を目いっぱい買っておこうとするのは、きわめて理に適《かな》った経済行動である。

なにが合理的かというと、景気がいずれ回復に向かえば、需要も膨らみ企業収益は拡大する。その間、買った株をずっと保有していれば、業績の回復とともに株価の上昇が期待でき、そのまま投資収益につながってしまう。

ここで重要なのは企業の選別である。

景気が回復に向かう過程で、需要の拡大をどれだけ我がものにできるかは、個々の企業によって大きく差が出る。なかには、景気回復の初期段階で脱落していく企業もある。

やはり、図5で示したように、将来の成長に向けてきちんと先行投資をしている企業を選ぶ努力は欠かせない。前述したように、企業の利益拡大は先行投資の結果なのだから。

日本中の家計が企業に利益供与している

もうひとつ、不況時の株買いが理に適っていると断言できる点がある。それは低金利政策である。まずはともあれ、図8をとくと眺めてもらいたい。

景気の大きなサイクルに沿って、金利は上昇したり下降したりする。景気が過熱気味に

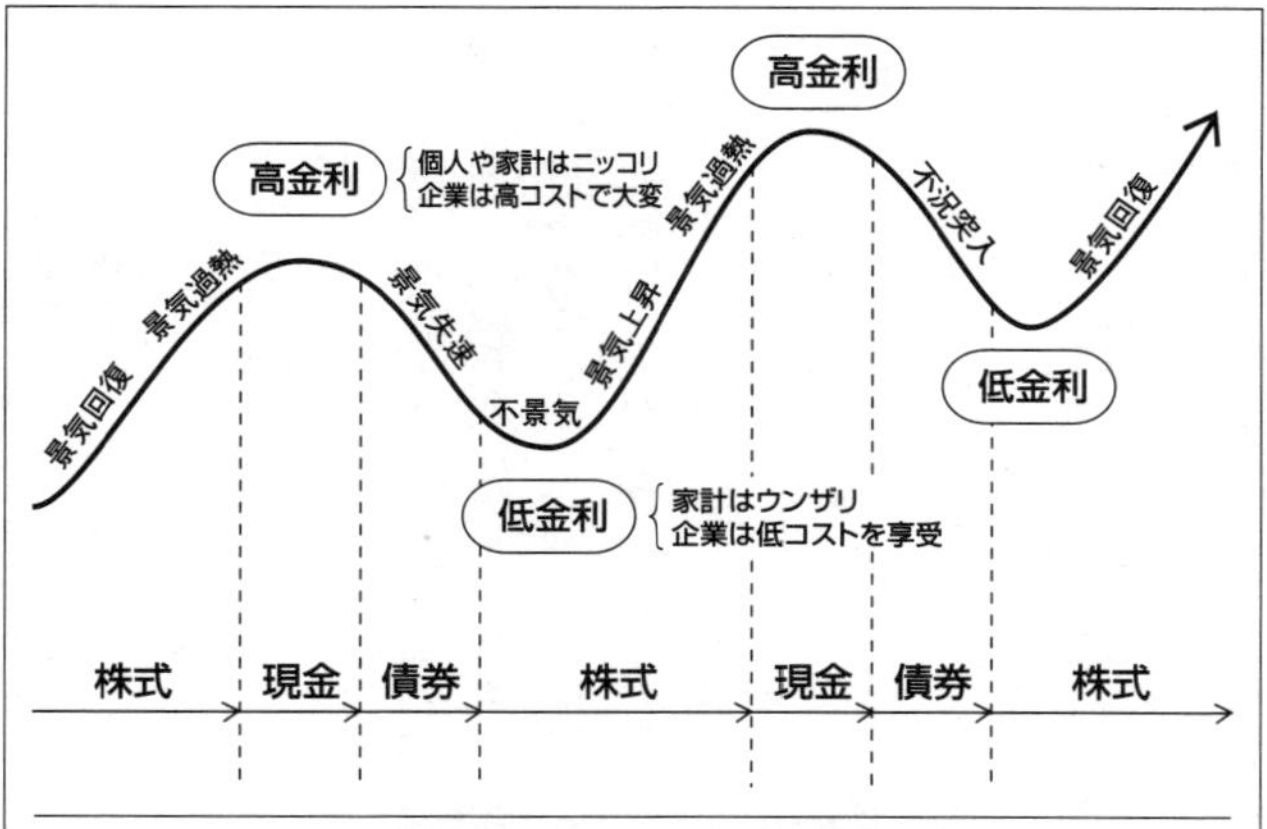

図8　景気サイクルと金利と最適投資

なってくると、金利の上昇ピッチはぐんぐん加速していく。いわゆる高金利の状態である。

高金利時には、個人や家計は預貯金の利子収入が増えてごきげんである。しかし、経済全体でみると、誰かの得は別の誰かの損でもある。高金利で個人や家計がニコニコしている裏で、必ず誰かが泣いている。

それは企業である。金利が高くなればなるほど、企業の経営はコスト圧迫に押されっ放しとなる。当然のことながら、各企業は設備投資や営業活動を控えようとする。

企業活動が鈍《にぶ》ってくれば、これまでの好景気はたちまち失速気味となる。もちろん、企業の資金需要も一気に冷え込んでしまう。それを受けて、高金利状態は低落傾向へ一転する。

景気が失速すると、政府や中央銀行は景気対策や金融緩和政策を矢継ぎ早に打ち出す。企業活動の減速による金利低落と金融緩和政策とがあわさって、金利水準は急激に低下する。

低金利状態になれば、今度は企業が金利コスト低下でニコニコする。一方、個人や家計は利子収入が激減してウンザリもいいところ。

さて、この段階で株式投資に打って出るのは、合理的な経済活動そのもの。

低金利や金融緩和政策で、個人や家計が利子収入を減らした分は、法人部門つまり企業への所得移転となる。バブル崩壊後の超低金利ならびにゼロ金利政策は、家計から利子所得を半強制的に吸い上げて銀行の利益増加に寄与させようとした政策意図がある。

ともあれ、低金利で個人や家計は利子所得を減らしているが、その分だけは間違いなく企業への利益供与となっている。「企業さんガンバッテ。僕の利子分も使って、利益蓄積に励んでネ」といって、せっせとお金を貢《みつ》いでいるのだ。だから、低金利時には株を買っておくのが合理的な行動ということになる。

アセット・アロケーションの切り換え

もう一度、図8を眺めてもらいたい。景気の大きなサイクルに沿って、金利上昇・高金利・金利低下・低金利、そして再び金利上昇の順に、お金が個人や家計と企業との間を行ったり来たりしている。

このお金の流れをうまくとらえて網を張ってやれば、その網にお金がどんどん引っかかってくるはず。これが投資運用である。

先ほども書いたように、低金利で家計部門から法人つまり企業に所得移転が進んでいる時は、長期投資家はちゅうちょすることなく株を買っておく。株式投資に集中すべき時である。

景気が回復過程を経て過熱段階に入ってきたら、徐々に株を売って現金比率を高めていく。この段階では、金利は相当に上昇しており、その分だけ企業経営は圧迫される。企業の利益蓄積が鈍化してくる一方で、現金運用の利子所得は増加する。だから、持ち株を売り上がって、現金比率を高めるのだ。

高金利状態がしばらく続くと、景気は失速し金利低下局面を迎える。この局面では、債券投資に最も妙味がある。

なにしろ、高利回りの債券がゴロゴロ転がっており、金利低下とともに債券価格は上昇するのだから。

金融緩和政策が進み、金利水準が相当に低くなってきたら、保有債券を売って再び株式投資に集中するタイミングの到来である。

この一連の流れを、アセット・アロケーションの切り換えという。投資運用の基本の基本である。ここまでの説明で、どれだけ理に適った経済行動かは、十分に理解できたと思う。

アセット・アロケーションの切り換えを無視するのは、投資家それぞれの自由。しかし、それは大河の流れを小さな板で塞《せ》き止めようとするようなもの。押し流されてしまうのは、時間の問題。

たとえば、実質ゼロ金利の今も機関投資家は国債を買い漁《あさ》っているが、いずれ景気が上昇局面に入ってきたら、塗炭《とたん》の苦しみを味わうことになる。

景気回復は金利上昇を招き、金利が上昇すると債券価格は必ず下落する。こんな低金利時に国債を買っても大した運用利回りにもならず、金利上昇局面に大損するだけ。恐ろしや。

合理的な投資行動なら、何も怖くない

われわれ長期投資家は、アセット・アロケーションの切り換えを絶対的に重要視する。それが最も理に適った経済行動なのだから、最も安心できる。

その上で、思い切りリスクを取って、投資リターンの最大化を狙う。カッコよいと思わない？

別に、それほど難しいことではない。経済全体のお金の大きな流れに乗っていくだけの

こと。ちょっとペースをつかめば、誰だってできる。

図5〜8をもう一度、じっくり眺めてほしい。結果的には、株式投資にしても債券にしても、安く買って高く売る投資ができてしまう。

安く買って高く売る繰り返しを積み重ねていけば、お金はすこしずつでも増えていくはず。それで十分に投資リターンの追求となってしまう。

どうだろう。ここまで書いてくれば、もうそろそろ相場がどうのこうのは横へ置いて、「本格的な長期運用とやら」を勉強したくなってきたのではないかな。

どれだけ相場の見通しがドンピシャリと当たっても、実際に買っていなかったら何にもならない。

いくら、「あの時の読みどおりに、相場は底入れして上昇に転じた」と自慢したところで、当の本人が買っていなければ、投資収益など絵に描いたモチでしかない。

では、いよいよ長期投資の実践に入っていこう。

投資とは、将来を先取りするもの

投資家は「買いか売りかの行動」を起こさなければ、いつまでたっても投資収益にありつけない。

景気動向や相場がどうのこうのと語ることでお金を稼いでいる人たちとは、仕事の中身が違う。

そのへんをゴチャ混ぜにして評論家業を得意としているのが、日本の機関投資家である。

もう、年がら年中、それこそ朝から晩まで相場がどうのこうのと語っている。

株価全般が安値に放置されている時でも、難しい投資の勉強はたっぷり積んでいるはずなのに、「割安な株は、今のうちに買っておこう」といった自発的な行動はまずみられない。せっかく立派な企業調査部門を抱えているのに、まったく宝の持ち腐れである。

それどころか「投資環境が悪いから、株はまだ買えない。ここは慎重を期して」といっては、様子見を決め込んでしまう。これでは運用成績が上がらないのも当然である。

投資は、始めから終わりまで「将来を先取りする」行動である。誰がなんと言おうと、買うべき時には買う勇気と決断力をもたなければ、投資にならない。

現状を語るばかりで何も買っていなければ、将来どこかで株価が上昇してきた時、売るものがない。

やはり、投資家は行動しなければ。それも、将来を先取りした行動を。

投資とは、博打ではなく先読みのゲーム

「将来を先取りするっていっても、先のことなんて誰もわからないじゃない？」。それでも投資しろというのは、「丁か半かの博打《ばくち》を打つ」ってこと？

違う。投資運用も経済活動のひとつ。経済の基本は合理性の追求だから、いつでも理に適った行動を心がける必要がある。

理に適った行動って？　経済全体のお金の流れでみるとアセット・アロケーションの切り換えだが、今度は別の角度からみてみよう。

ちょっとゲーム心を起こして「人より先に行動して、皆が後から追いかけてくる」のを、ニヤニヤ眺めるのだ。これは、投資運用に一番ピッタリくるイメージである。

将来どこかで「大勢の人たちが買い群がってくるであろう流れ」を先取りして、われわれはその前に買っておく。皆が後からドドッと買ってくれれば価格は上昇するから、放っておいても投資収益が生まれる。ただ、それだけのこと。

別に、すごいことを仕掛けているわけではない。将来の流れを読んで、人より一、二歩先に行動するだけ。気がついたら、投資収益が後から押し寄せてくる。これって、楽しいじゃない？

この「将来を先読みし、早めに行動する」のは完全に理詰めの作業で、一か八《ばち》かの博打的な要素はほとんどない。

理詰めの作業なんていうと堅苦しく聞こえるが、そんなにカチンカチンでもない。「こんな感じでいけそうだな」程度の読みができれば、さっさと買いの行動に入っていい。もう、それで十分に投資運用となってしまう。

投資運用は「先読みのゲーム」と割り切ってしまって、いっこうに構わない。

ゲーム心がないと早めの行動に入れない

投資運用の世界では「おもしろそうだな。やってみようか」で行動できる人と、いつまでもウジウジ考えてなかなか動けない人とでは、天と地の差がついてしまう。もちろん、おもしろがって行動できる人のほうが圧倒的によい成績を収める。

この差は「ゲーム心があるかないかの違い」と、言い切っても構わないだろう。なにしろ、投資運用はもともと確率のゲームなのだから。勝つ時もあれば、負ける時もある。

そう、投資運用に百戦百勝なんてあり得ない。すべての投資チャンスに飛び込んでいったところで、ズバリと決まる確率は意外と低い。やれることといったら、うまくいく確率を如何《いか》に高めるかだけである。

うまくいく確率を高めるには、自信のない勝負はすべて捨ててしまう。「これだけは思い切ってやってやろう」といえる勝負だけに集中することだ。

わからないもの、自信のないものにはいっさい手を出さなければ、負ける確率は低くなる。その分だけ、全体の勝率を高めることができる。

そうはいっても「今回は強い勝負ができるだろう」と意気込んだところで、すべて勝て

ると は限らない。何が起こるか予測もつかないのが勝負事。

それでも、行動しなければ投資リターンはないのだから、もう最初からゲームと割り切ったほうが早い。

ゲーム心をもって投資を考えると、結果がよくなるのは確かである。なにしろ、早め早めの行動ができる。投資運用においては、早めに出動して安い間に買っておきさえすれば、いつでも絶対的に有利である。

「不安におびえるか、ニヤリとできるか」

考えてみれば簡単。多くの人たちが現状や先行きの見通しに不安を感じている時は、誰も敢《あ》えて買おうとしない。

むしろ、もっと下がるかもしれないから、その前に売っておこうとする。だから、市場全体は売り先行の展開となる。

そのへんをイメージ化したのが図9である。ほとんどの投資家は市場の価格変動に沿って行動する。おまけに、その直前までの心理を引きずっている。

そういった時に買い出動できる投資家は、全体からみればほんの一部でしかない。買う人が少なければ、それだけ安く買えることになる。

皆がおじけづき売り逃げを考えている時だから、とんでもないバーゲン・ハンティング

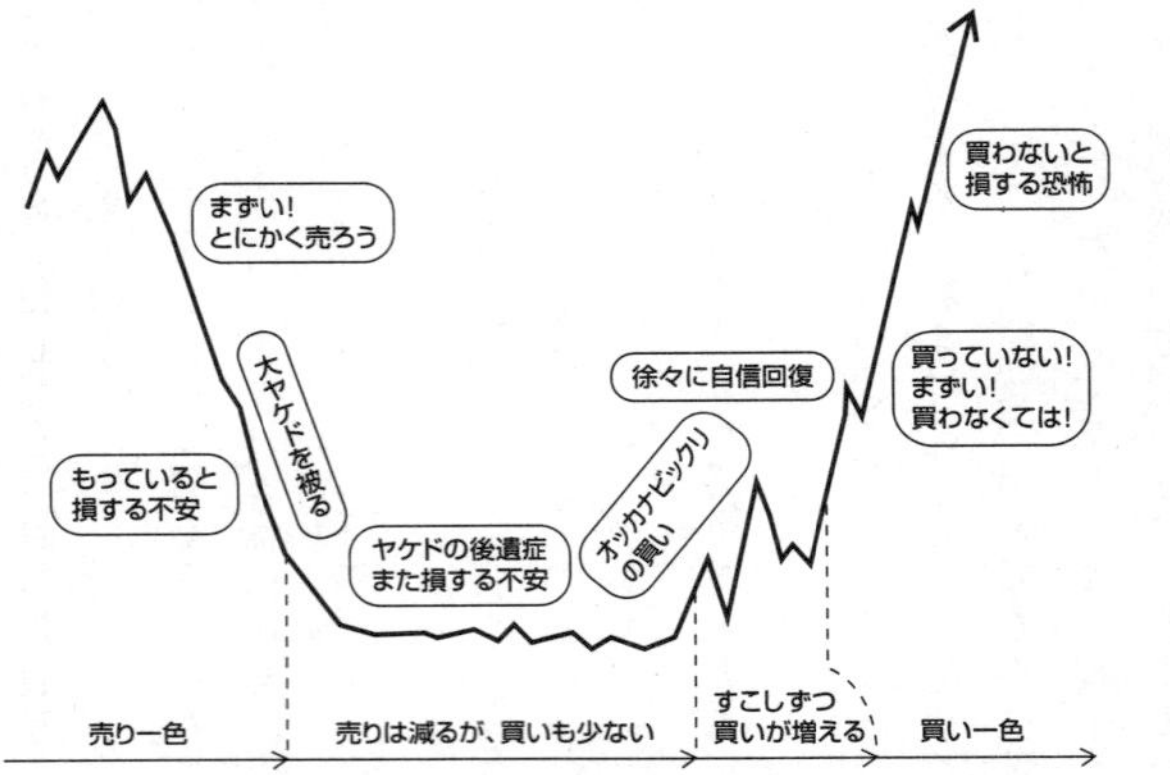

図9　投資家の心理と行動

もできる。

ポイントは、そういった時に買い出動できるかどうかだけである。ここに「ゲーム心のあるなし」が決定的な要因となる。

しかも、将来の投資価値を先読みできて、多くの人たちが価値に気づく前に安く買っておいたとなると、後々がすごく楽である。

そのうち、不安におびえて売り逃げることしか考えていなかった多くの投資家が、価値に気づいてドドッと買い群がってくる。そうなれば、価格は猛スピードで高くなる。それをニヤニヤ待っていればよい。

押し寄せる上昇の波にただ乗っかるだけ

われわれは皆がワッと色めき立つよりずっと前に買ってある。したがって次から次へと押し寄せる買いの波にただ乗っかっているだけでいい。放っておいても投資収益につながってくれる。

こんな楽な投資、もし簡単にできるのなら誰もが試してみたい。

どうすればできるのか？　そのカギが将来の先読みである。

先読みといっても、多くの投資家は景気動向をチェックしたり、業績の見通しを立てたりと、いろいろやっているじゃない？　それでも、早い段階でなかなか買えないのは何故、どうして？

鋭い指摘だ。われわれの先読みは、いつでも行動に直結する。そこがポイント。

いろいろな読み込みの中に「将来の投資収益イメージが、くっきりと浮かび上がってくる」。だから、その投資リターンをつかみにいくべく、さっさと行動に入っていけるのだ。

この違いは、どこから出てくるのだろう？

第2章　将来を読み込む「フローチャート思考」の威力

投資行動につながる先読みとは

われわれ長期投資家にとって最大の武器である将来の先読みとは、言ってみれば「『推』と『論』をトコトン広げてやる」ことだ。

「推」とは将来に対するイマジネーション（想像）を働かせることである。「論」はロジック（論理）、いろいろな可能性を論理的に詰めていく作業をいう。

しなやかな想像力を駆使して、ひとつの物事が横へ横へと連鎖しながら、次々と関連していく様《さま》を自由自在に伸ばしてみる。何事にもとらわれることなく発想を飛ばしてやるのだ。

そして、それらが発展していく際のあらゆる可能性を、論理的にきっちりと組み立ててみる。

この「推」と「論」を組み合わせてやるところに、大きな意味がある。

「推」だけだと、空想や妄想に陥りやすい。そうなると、経済合理性の追求からは遠く離れてしまう。ボヤッと考えたぐらいでは、とてもではないが、あぶなくて長期投資などできやしない。

他方、「論」ばかり優先させると、ガチガチの考え方に固まってしまう。わかりきったことを難しく難しく考えて、発想がさっぱり飛ばない。しなやかな発想など、どこにもない。

こうなると、もう後手、後手の行動しかできず、投資運用では最悪のパターンとなる。まわりを見まわしてごらん。そういった頭でっかちの投資家がいっぱいいるではないか。

「推」が常識的すぎて「論」が固いと

日本の投資家はいつも発想や話題が似たりよったり、としばしば指摘される。確かに、朝の日経新聞に載っていた記事をベースにして、ああだこうだ言っているだけの投資家が圧倒的に多い。

それでいて、いざ行動となると、「事態をもっと見極めてからでも遅くはない」とさんざん石橋を叩《たた》いて、橋を渡るべきかどうかためらった挙げ句、最後の最後にようやく行動に移る。

慎重といえば慎重だが、敢えて未知の世界に踏み込んでいく進取の気性は、どこにもみられない。伸びやかなイマジネーション能力に欠けるし、しっかりと論理を積み上げた強さも感じられない。

いつまでたってもウジウジしている投資家を尻目に、さっさとリスク・リターンの世界に飛び込んでいってしまう人たちとの違いを、イメージしてみよう。

「お先にゴメンね」で行動できるわれわれのような投資家との違いは、それこそ明らかだろう。

将来に向けてのイマジネーションがさほど広がらない投資家は、どうしても常識的な判断から先へは出られない。

また、発想の組み立てに柔軟さを欠く投資家は、行動もやはり常識的な域から出られない。したがって、大きな投資収益をあげることもできない。

投資は確率のゲーム

繰り返すが、投資は可能性を追求するゲームみたいなものである。その成否は「将来に向けての読み」が当たる確率の高い低いによる。それも、6割ぐらいの確率で当たれば、もう十分もいいところ。

将来の可能性を追求するには、「しなやかに発想を飛ばす」に限る。

読みが当たる確率を高めるには、いろいろ推測した可能性を「できるだけ論理的・合理的に組み立ててみる」必要がある。

このふたつの作業を同時並行的に進めるのが、フローチャート思考である。

情報収集の重要さを認識しているか

投資運用に限らず、どんな戦いでも、ビジネスの世界でも、「情報が死命を制する」といわれる。

人より先に新しい情報を手にできれば、皆がドドッと動く前に十分な対応策がとれる。その先の戦闘には圧倒的に有利となる。

古今東西、名将といわれた人たちは皆情報の重要性を熟知していた。最も有名なものに、織田信長の桶狭間《おけはざま》の戦いがある。

桶狭間の戦いで今川義元の大軍を破った織田信長は、勝ち戦《いくさ》の論功行賞において情報の価値をはっきり示した。

第一の勲功は、義元の首を打ち取った服部小平太《こへいた》や毛利新介《しんすけ》ではなかった。なんと、今川軍が田楽狭間《でんがくはざま》で昼食をとっていると急報した梁田政綱《やなだまさつな》に与えられた。これには、一同それこそ飛び上がらんばかりに驚いた。

当時は敵将の首級をあげることが最大の手柄とされていたから、武将の誰もが信長の評価基準に面食らった。もちろん、不平たらたら。

ことほどさように、信長の情報収集に対するエネルギーの注力ぶりは半端ではない。

織田信長の長期戦略と情報重視

大うつけ者といわれた若いころから、信長は尾張《おわり》一帯の野山を走り回り、桶狭間の地勢を脳裏に叩き込んでいた。

いざ戦《いくさ》となってからも、今川軍の行軍経路は土豪の梁田政綱などから逐一報告を受け取っていた。地形が最も狭くなっている桶狭間への到着を待っていたわけである。

4万とも3万5000ともいわれた今川の大軍も、桶狭間の狭い地形では一列に長く伸びて行軍せざるを得ない。折しも昼食時、本軍から少し離れて、田楽狭間で休息していた義元の本陣は小人数だった。寡勢《かぜい》の信長軍は、そこを急襲した。

大将の首が取られれば、さしもの大軍も烏合《うごう》の衆となる。2000あったかどうかの信長軍が義元軍を打ち破ったのは、信長が前もって綿密な戦略を立てておいた点が第一。それには、地理・地形などの情報の収集が不可欠となる。

第二として、今川軍の行軍経路や途中の戦闘状況などの動静を、逐一把握していたこと。これも情報の収集である。また、当日の気象状況にも、信長は注意を払っていた。そして、第三がようやく実際の戦闘行為で、田楽狭間への急襲である。

信長関係の史書を読んでいると、桶狭間の戦いは信長にとって「一世一代の大バクチではなかった」ように思われる。10年以上も前から、今川軍の上京は必至と読んで、それを打ち砕くべく用意周到に準備を進めてきた、織田信長の長期戦略を称賛すべきである。

そして、その柱が綿密な情報収集であった。

投資の花はパッと咲いてパッと散る

投資運用における情報の重要性に戻るが、情報なら何でも「ありがたい」わけではない。

一般的にありがたがられている情報の大半は、投資家にとってほとんど価値がないと考えて構わない。どういうことか?

たとえば、ある朝、テレビのニュースですごい新製品の報道があったとしよう。「ワッ、この新製品はすごい。世の中が変わる」と直感した。すぐさま、新製品を発表した会社の株を買いにいく。残念だが、もう遅い。朝のニュースが報道されるに至るまでの間、もうすでに大勢の人たちが株を買ってしまっている可能性が高い。

新製品を開発した技術者はもちろん、商品化までもっていった当の会社、そのニュースを発表したテレビ局のスタッフたちの多くが、事前に知っていたのは当然のこと。

もっとも、インサイダー情報の疑いも出てくるので、実際にどれだけの人が先走りして株を買うかは別問題だが。

もっと現実的な問題は、朝のニュースを見た人は何万人何十万人といるはず。「すごい製品だ」と色めき立つのは一人や二人ではない。相当数の投資家がいっせいに買い注文を出してくるのは間違いない。

ということは、高値づかみ？　そう、あわてて買いにいったところで、株式市場には買い注文がもう既に殺到している。おそらく、ストップ高の買い気配でその日は終わる。

もし、その新製品が本当にすごければ翌日も翌々日も買い気配が続き、それを見て買い注文はますます増えていく。

与えられた情報に投資価値は残っていない

何日かたって、ようやく買えた。「やっと買えた」と喜ぶのは早い。最初に報道された日の株価と比べると、ずいぶん高値で買ってしまった。「この会社の株価、これから先もどんどん上がっていくのだろうか」とちょっぴり不安になる。

不安なのは、自分一人だけではない。あわてて飛びつき買いをした投資家は山ほどいる。そのほとんどが、「もしかして、高値づかみしてしまったかも」と内心おだやかではない。

株価でも何でも、高くなれば必ず誰かが売ってくる。安値で買っていた人たちの利食い売りもあれば、高値をつけた後の値崩れを恐れた手仕舞い売りも出てくる。

売るのは、誰でも構わない。ずっと前から保有していて十分に利が乗っている投資家でも、今回ワッと飛びついて高値をつかんでしまった投資家でも構わない。誰かがほんのちょっと売りを出すだけで、皆が「売らなければ」となり、株価は大きく崩れる。

そもそもの発端は、すごい新製品のニュースだった。しかし、そのニュースで飛びつき買いした投資家の誰一人として儲からなかった。いったい、この情報にはどんな価値があったのだろうか？

初めて大ニュースに接したテレビ視聴者にとっては、「知らなかったことを、知らされた」という意味での情報価値は間違いなく大きかった。

ところが、投資情報という観点からみると、誰も収益を上げられなかった。せいぜい高値づかみするだけの「古ぼけた」情報でしかなかったわけだ。

この違いを、しっかり頭に叩き込んでおく必要がある。そう、どんな新しい情報でも、知らなかったのは自分だけ。市場関係者の多くにとっては、既知の情報にすぎない。

そうなのだ、「誰かから与えられた情報には、投資価値がほとんど残っていない」と認識すべきなのだ。

大事件発生のニュースも投資価値はない

では視点を変えて、とんでもない恐ろしいニュースが茶の間に飛び込んできたとしよう。2001年9月11日のニューヨークやワシントンを襲った同時多発テロ事件みたいなニュースだ。

あのテロ事件は世界中を震撼《しんかん》させ、ニューヨーク株式市場は3日間の閉鎖をみた。二度と発生してもらいたくはない類《たぐい》の事件である。

ところで、あのテロ事件発生で投資家はどういった行動がとれただろうか？

「大変な事態だ」と売りにいっても、すでに暴落相場は始まっている。急いで売りを出せば出すほど、売り気配は加速する。つまりは、誰も売れない。

それでも、大事件発生という現実やその後の報道に接し、ほとんどの投資家は売ることしか考えない。大勢がいっせいに売ろうとすれば、株価はどんどん下がる。

「ここは何でもいいから、とにかく売っておこう」と皆が売り急ぐ。その結果は、いったいどうなるだろう？　暴落相場の下げ足を加速させるだけだ。

ところが、株は不思議なもので、安くなると必ずどこからか買いが入ってくる。まあ、そういった買いが入ってくるから、売りが殺到する暴落相場でも売買が成立するわけだけど。

投げ売りした後に株価は急反発する皮肉

大事なのはここから。泡食って売りに走った投資家たちによるいっせいの売りが一段落するころには、さしもの暴落相場も底を打つ。

それどころか、当面の売りがことごとく出尽くしてしまった。もはや、やみくもの投げ売りが出てこないから、株価は自然体の上昇トレンドに入っていく。

ということは、大変な事態発生ということで売り逃げに走っても損？　結果的には、安値売りをするだけのこと？　多くの場合、そのとおり。

よほど稀《まれ》なケースだが、暴落相場の狼狽《ろうばい》売りが一段落した後、しばらくして二段下げに入っていくこともある。このへんになると、情報がどうのこうのよりも、市場全体のテクニカル要因による下げとなる。

要するに、大事件発生といったニュースも投資価値という観点からは、もうほとんど意味がないわけだ。

与えられた情報も、大事件発生も投資家にとって何の意味もないということはわかった。

それでは、どうすれば投資価値のたっぷりある情報が手に入れられるのだろう？

投資価値のある情報は取りにいくもの

投資価値のある情報とは、いったいどんなものだろう？　ほとんどの人たちがまだ価値を認めていない段階で、早くも将来の価値を見つけ出して、さっさと行動に移れる「動機づけ」みたいなものである。

投資の世界では、どんなにすごい情報でも、大勢と一緒に行動するだけだったら、もうほとんど価値は残っていない。そんな行動では、投資家として出遅れも甚《はなは》だしい。

やはり、大多数の投資家に先んじた行動をしたい。そのためには、どのようにして情報を集めたらよいのだろう？

特殊な情報源をもって、早耳情報を集める？　よい考えかもしれないが、お金がかかる。インサイダー取引に抵触することもあり得るから、二の足を踏む。

では、どうしようか？

有名な話がある。第2次世界大戦中、英国の諜報部はナチスドイツ幹部の行動スケジュールを正確に把握していたらしい。

ドイツ国内にスパイ網を張りめぐらせて、そこから情報を入手し綿密に分析したのか？　違う。

英国の諜報部がやった手順は、以下のとおり。

イギリス諜報部とナチスの動静

まず、ドイツ国内で発行されているあらゆる地方新聞を駅の売店などで購入し、それをベースにドイツ各地で催されるさまざまな政治集会などのスケジュールや予定をつかむ。

次に、その集会に参加するであろうナチス幹部を、いろいろなケースを想定しては割り当ててみる。すでに押さえてある直近の行動から判断して、距離的・時間的に出席可能な人物を絞り込んでいく。

この作業をずっと繰り返していって、ナチス幹部の行動スケジュールを割り出してしまったのだ。イギリス諜報部の手元にあったのは、ドイツ各地で発行されている地方新聞だけである。

誰でも入手できる一般情報をベースに、ナチス高官の行動スケジュールという極秘情報を正確に把握した。その上で、次なる軍事行動をいろいろ推測してしまった。

まさしく「推」と「論」をトコトン展開させた成果といえよう。

われわれの投資情報に求められるのも、まさにこの「推論」作業である。将来の予測は訓練次第で、相当程度まで読み取れるものだ。

イギリス諜報部の組織的な訓練とまではいかなくても、フローチャート思考なら、誰にでも身につけられる。

具体的にはどういった感じか、株式投資に当てはめて検討してみよう。

5年先10年先の業績を予測したい

株式投資で企業の業績予想は重要な位置を占める。将来の業績を的確に予測できるかどうかで、投資収益は大きく左右される。

だから、株式投資というとすぐ証券アナリストや、調査レポートの出番となるわけだ。さて、企業の収益見通しや業績予想という時、一般的にはどのくらい先を予測するのだろうか?

たいていの場合は、今期来期の業績見通しをああだこうだと論じ合っているだけのはず。2年先の収益予想にお目にかかるケースは稀であり、あっても当てずっぽうの予測数字ととらえられがちである。

もっとも、情報通信やIT関連株のバブル相場時がそうだったが、「このビジネスモデルは50年いや100年は続く」と、アナリストたちから御託宣が下されることも時折ある。そういった時は、だいたいにおいて相場の大天井が近い。

ところで、われわれの長期投資だが、今期とか来期とかの業績予想には、それほど神経をつかわない。

今期や1年先の予測など、情報化が進んだ現在では誰もが簡単に入手できる。そういったものは、ほとんどの投資家にとって既知の情報であり、もうすでに株価に織り込まれている。つまり、投資価値は残っていない。

興味あるのは、5年先とか10年先の業績がどうなっているかであって、そのへんは誰も予測してくれない。つまりは、未知の情報分野である。

既知の情報と未知の情報

　ということは、一般的な企業リサーチやアナリスト・レポートは、長期投資の役に立たない？

「そうだね、せいぜい事業内容の分析などを参考に、その会社について勉強をさせてもらうぐらいかな。レポートに書かれている業績予測や目標株価とかは、ほとんど無視する」

と、言い切ってしまってもよいかもしれない。

　たとえば、来期は大幅な利益向上が見込めると、アナリストがこぞってレポートに書くとしよう。そのレポートを読んで、「これは、すごいぞ」と飛びつき買いする投資家はいっぱいいる。大勢がワッと買い群がる。それで、株価は2～3日ぐらい高値追いをする。

　株価が上昇すれば、一足先に買った投資家からの利食い売りが必ず出てくる。後はお決まりのパターンで、次々と出てくる売りに押されて、早くも株価は下がり気味となってしまう。

　つまり、好業績だといって飛びつき買いしても遅いわけだ。これも既知の情報で、投資価値はもうほとんど残っていない。

　もっとも、目先狙いの短期投資家なら、そのへんのタイミングをわきまえて瞬発力よく買い、利が乗ったら即座に売ることも可能。皆が飛びつき買いしてくるだろうと予想するための材料として、既知の情報も価値があるのかもしれない。

長期投資家には、そういった機敏な行動は必要ない。だから、一般的なアナリスト・レポートはそれほど重視しないということになる。

では、どうやって5年先10年先の業績を予測する？　企業訪問して、その会社の将来像を語ってもらう？

企業訪問して、どれだけわかる？

多くのアナリストは企業リサーチの柱として、頻繁に企業訪問をする。年間に１００社、１５０社は訪問すると豪語する証券アナリストや機関投資家のファンド・マネジャーもいる。

ベテランのアナリストともなると、定期的に企業訪問を重ねているから、会社に足を踏み入れた瞬間に、「ピン」と変化を感じ取ることもあるようだ。

なかには、経営陣に一目も二目も置かれている著名アナリストたちもいる。彼らの場合は特別待遇で、しばしば経営トップから、最新のホット情報を聞き出すこともできるかも。

さあ、ここで考えてみよう。会社のほんのちょっとした変化にピンとくるのも、経営トップからすごいホット情報を示唆されるのも、いったいどれだけの価値があるだろうか？

目先筋とか短期の値上がり益狙いの投資家には価値があるかもしれない。パッと飛びつき買いして、ピョンと一回転できるかもしれないのだから。

しかし、5年10年のスパンで行動する長期投資家は違う。すごいと思われるホット情報も、ほとんど無価値に近い情報と、バッサリ切り捨ててしまう。

どうして、ほとんど無価値なのか？　答えは簡単。

価値ある情報なら必ず業績に反映される

ピンときた直感やホット情報とやらが、いちおう会社の収益力に大きな影響を与えるものとしよう。

ならば、それらは時間の経過とともに、どこかで必ず業績に反映されてくるはずである。

ということは、5年10年の単位で企業の収益動向を追いかける長期投資家も、いつかは知ることのできる類の情報でしかない。

そして、先ほども書いたように、ホット情報で株価が急騰したとしても、たいていの場合は一時的な現象で終わってしまう。時間がたてば元の株価に戻ってしまうのがほとんど。

上昇後の株価が意外と値持ちがよくても、いずれは現時点での一般的な投資判断に沿った株価水準に落ち着くものだ。

そんな程度の差しかないのであれば、そのホット情報とやらは、特別にたいした意味もない。

5年先10年先の業績予測は意味がない？

正直言って、5年先10年先の業績数字を正確に予測するのは難しい。おそらく、神様だって嫌がるに違いない。

無理して予測したところで、ほとんど当てずっぽうの数字を並べるのが関《せき》の山。仮に、適当に並べた予測数字がバッチリ当たったとしても、せいぜいまぐれ当たりといった評価が下されるだけだろう。

5年10年の時が過ぎ去った後では、そういった予測があったことさえ、誰も覚えてはいない。

決定的な弱点は、「当たるも八卦《はっけ》、当たらぬも八卦」に近い予測数字では、どの投資家も行動を起こす気になれないことだ。

ということは、長期投資家にとっても、5年先10年先の業績予測は意味がない？

うん、たいした意味はない。どうせ「当たるも八掛、当たらぬも八掛」の予測数字では、誰も信じて株を買おうとしない。だったら、そんな予測はなんの価値もないと断定して構わない。

ちょっと待ってくれ。では、長期投資家はどうやって行動する？

おおまかな業績動向のイメージを持つ

5年先10年先の「おおまかな業績動向」をイメージしてみるのが一番。

「この会社は5年先、そして10年先には、今よりずっと大きな利益を上げているだろうな」「現在のような低レベルの利益水準には、間違っても止《とど》まっていないだろう。おそらく業績は相当に回復しているはず」といったイメージでいい。

こういったイメージを強く持てたら、「じゃあ、株価の低い今のうちに買っておこうか」と考えるのは、自然の流れ。結果的には、早い段階から投資行動に入れるはず。

その会社とは直接に関係のない、さまざまな外的理由で、相場全体や株価が大きく下げた時でも、「おっ、これは儲けもの。神様が絶好の買い場を与えてくれた」と、ちゅうちょなく買い出動できる。

ところが、そこへちょっとでも数字をはさむと、もう買えない。これは断言できる。

「待てよ。自分としては業績向上のイメージを持っているが、具体的な数字を挙げてみろといわれると、あまり自信ないな」と、すぐさまヘッピリ腰となる。

どこかで、株式市場が急落でもしたら、「きっと業績予想の数字が下ぶれしたからに違いない。買いは見送ろう」と、やらかしてしまう。

この違いは、決定的である。片や、さっさと行動に入れる。他方は買いを見送ってしまう。

やはり、5年先10年先に向けて「強いイメージが持てるか、どうか」だけでいきたいものだ。

長期投資に業績数字は無用、というぐらいに割り切ってしまっても構わない。

企業が絶対にやらなければならないこと

企業が将来の利益拡大を目指す時、絶対にやらなければならないことは、何だと思う?

売り上げを伸ばすことと、コストを徹底的に削減することの2点だ。

まずは、売り上げを伸ばすことだが、自社がどんな商品を持っているか、その商品の人気度合い、競争相手との力関係など、いろいろな条件をクリアする必要がある。将来需要を見越して供給能力を高めておくのも重要だが、金利や減価償却負担能力もチェックしなければならない。

このへんの推測は本書で述べるフローチャートを作成する訓練を積めば、さまざまな角度から可能性をチェックすることができる。発展の可能性と阻害要因を、あれこれと組み合わせてみればいい。やってみると、いろいろなことが長期の時間軸でわかってくる。

もうひとつの要因であるコスト削減に関しては、どの企業もその意思と意欲さえあればできること。企業経営で唯一の「計算できる」効果である。

企業を経営していると、なんだかんだと外部へ支払う出費の多さに驚かされる。そういったコストを少しでも下げてやれば、その分だけ確実に利益を拡大できる。利益を増加させる即効薬は、コスト削減を徹底すること、それ以外にない。

売り上げを伸ばす可能性を長期の時間軸で推測し、同時に、どれほどコスト削減努力をしているかに注意を払っておこう。

そうしておけば、その企業の将来収益はどのあたりからグーンと増え始めるか、おおまかな予想が立つ。

これだけやっておけば、長期投資の企業リサーチは、もう十分と言っていい。

経済など、毎日の生活が集まったもの

経済というと、やたら難しく考える人がほとんど。まあ、数字で表現されることが多いから、「経済は難しいもの」と毛嫌いしたくなるのも仕方ない。

経済統計など、まさに数字ばかり。人によっては、これでもか、これでもかと数字が並んでいるのを眺めるだけで、頭痛を起こしてしまう。

株式投資する時でも、この会社は今年どのくらい売り上げを伸ばすだろうか、100億円の目標利益達成はちょっと厳しいかも、といった具合に数字が飛びかう。もちろん、新

聞の相場欄は数字のオンパレード。

これだけ数字数字で押しまくられると、誰だって経済は難しいものと思いたくなる。無味乾燥な数字など、見るのも嫌だと拒否反応は高まるばかり。

お気の毒に、と言うしかない。これだけ数字を毛嫌いする人が多いということは、皆が経済を「食わず嫌い」しているわけだ。

経済など、人間の毎日の生活が集まったものでしかないのだから、せいぜい買い物の計算ぐらいの数字が理解できれば十分。買い物だったら、安く買えて儲けたとか、高い買い物をして損してしまったとか、数字が身近になるではないか。

そうなのだ、経済は自分に得か損かで判断すると、がぜんわかりやすくなる。

数字なんてモノサシみたいなもので、どのぐらい得か損かを教えてくれるものだ。そんな程度に考えると、気楽に眺められる。否《いな》、もっと得するはず、ここで損してはなるまい、と並んだ数字を真剣な目で見つめるようにさえなる。

「自分だけは何とかしよう」という思い

しばしば、テレビや新聞紙上でエコノミストや評論家が「この不況はいつまで続くのか」を延々と議論している。

あの人たちはそれが仕事だから、まあよしとしよう。ただ、じっと議論を聞いていても、時々ついていけなくなってしまう。難しい言葉が次々と出てくるし、議論のための議論といった面もある。

そういった難しいことは抜きにして、誰の目にもはっきりしていることをベースに、経済を考えてみよう。それは何か?

不況を嬉しいという人はいない。経済全体がダメでも、自分だけは何とかしようと思うはず。

デフレも、一時的にはモノやサービスが安く手に入るが、だからといって長続きはしない。デフレ時には収入も減るわけだから、いずれ預金も食い潰して、「これはまずいぞ」とあせりだす。

そうなのだ、不況だデフレだと騒いでいる間にも、「ここは何とか切り抜けなければ」といった生活防衛本能が働き始めるのが世の常である。これは、どの国どこの社会でも必ず起こる現象である。貧しくなりたいと思う人など、世界中どこにもいやしない。

「この苦境、なんとか切り抜けなければ」といった思いが社会全体に広がっていく現象を、「確かにそうだよな」と思えたら、もう長期投資の第1段階は卒業である。

先ほども書いたように、経済なんて人々の毎日の生活が集まって、日々出来上がっていくだけ。多くの人々が「ちょっと、まずいぞ」と、生活の立て直しを真剣に考えはじめ、一人ひとりが生活防衛の行動に移るだけで経済は動きだす。不況に喘《あえ》いでいたはずの経済活動も、徐々に活発化しはじめる。

早く動いたほうが勝ち

いつでもどこでもそうだが、大きな流れには早く乗ったほうが有利である。流れに逆らって抵抗しようとすれば、とんでもないエネルギーが必要となる。ムダな努力を重ねているうちに抵抗力を失って、結局は流されてしまう。

そんな抵抗なんて、初めから捨ててしまおう。将来の大きな流れを先読みして、早めに乗っかることだけを考えよう。そのほうがよほど理に適っている。

経済の大きな流れって、景気が回復に向かう時のエネルギー？

そのとおり。景気が不況から回復に向かい、そのまま上昇していくイメージさえ持てれば、長期投資の第2段階もたちまちクリアだ。

図10をじっくり眺めてみよう。過半の人々が景気回復を実感するのは、景気の大底から天井までの上昇過程で、5合目、6合目をすぎてからだ。

ここまで理解できれば先は簡単で、さっさと株を買えばよい。銘柄なんて「景気回復の流れに乗って、収益を拡大するだろうな」と思える企業であれば、どの会社でも構わない。自分が好きな会社を選べばいい。

そんな単純なことなの？　そう。世の中、単純ですっきりしていることほど、本物と考

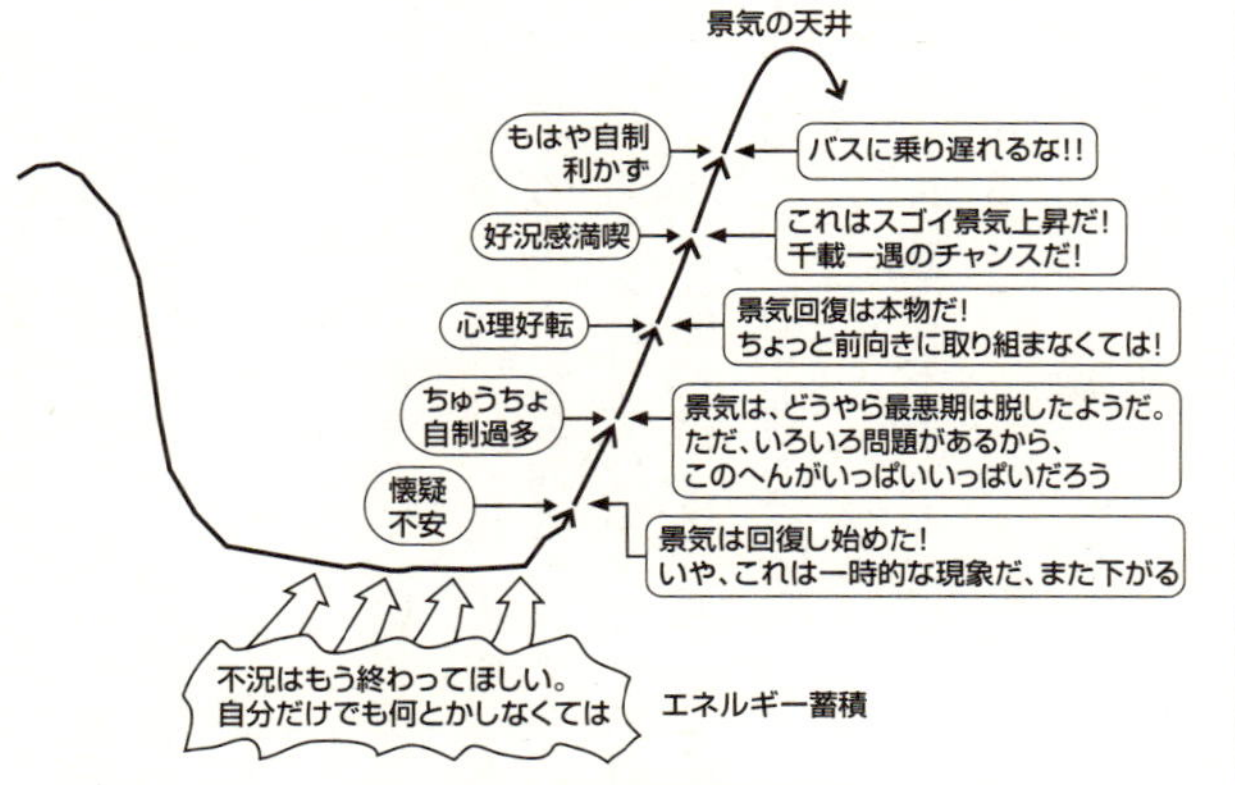
景気の天井
もはや自制利かず
バスに乗り遅れるな!!
好況感満喫
これはスゴイ景気上昇だ!
千載一遇のチャンスだ!
心理好転
景気回復は本物だ!
ちょっと前向きに取り組まなくては!
ちゅうちょ自制過多
景気は、どうやら最悪期は脱したようだ。
ただ、いろいろ問題があるから、
このへんがいっぱいいっぱいだろう
懐疑不安
景気は回復し始めた!
いや、これは一時的な現象だ、また下がる
不況はもう終わってほしい。
自分だけでも何とかしなくては
エネルギー蓄積

図10　景気回復の心理

えて間違いない。

企業経営も、景気回復の波、つまり需要の増加をとらえたほうが、売り上げも利益も伸ばしやすい。

一方、不況時にどんなに頑張っても、好況時ほどの業績をあげることは難しい。単純なことだが、真理である。

ということは、企業経営も長期投資も景気回復の波をとらえて、早めに乗るってこと？　いいんじゃないの、そう考えて。先手必勝ではないが、早く動いた者が有利である。

景気変動の大波を先取りする

経済の理論がどうのこうのとか数字の羅列とかは横へ置いてしまい、景気の波だけを意識しようとするのならば、誰にでも簡単にできる。

難しいことは考えなくてよい。「えらい不景気だ、収入がガタ減りだ」と文句を並べたくなる時は、だまって株を買っておけばいい。

生活感覚で不況だと思える時は、どの企業にとってもビジネス環境は悪いはず。つまり、業績はさっぱり上がらないし、それを受けて株価は下がる一途。そこで株を買えば、ずいぶん安値で買える。

そして、景気がどこかで回復に転じ上昇軌道を固めるにつれ、企業の収益は改善に向かい株価も上昇する。

どうだろう、いつの間にか景気の波に乗って、株式投資できてしまったではないか。それも、結果的には早い段階で景気回復という流れに乗れた。

売る時？　景気が相当に上昇して過熱気味になった段階で売ればよい。それも、日々の生活感覚で、「世の中、えらくぜいたくになったな」と思えたら、もうどこで売っても構わない。

うまい具合に、不景気の間にずいぶん安値で買ってある。どこで売っても、大幅な投資収益となる。

景気と業績と株価の一連の流れを示したのが図11である。こんな簡単なこと？

エネルギーの流れって、そういうものさ。

早く売りすぎたら、もったいない？　いいの、気にしない。われわれは景気サイクルの

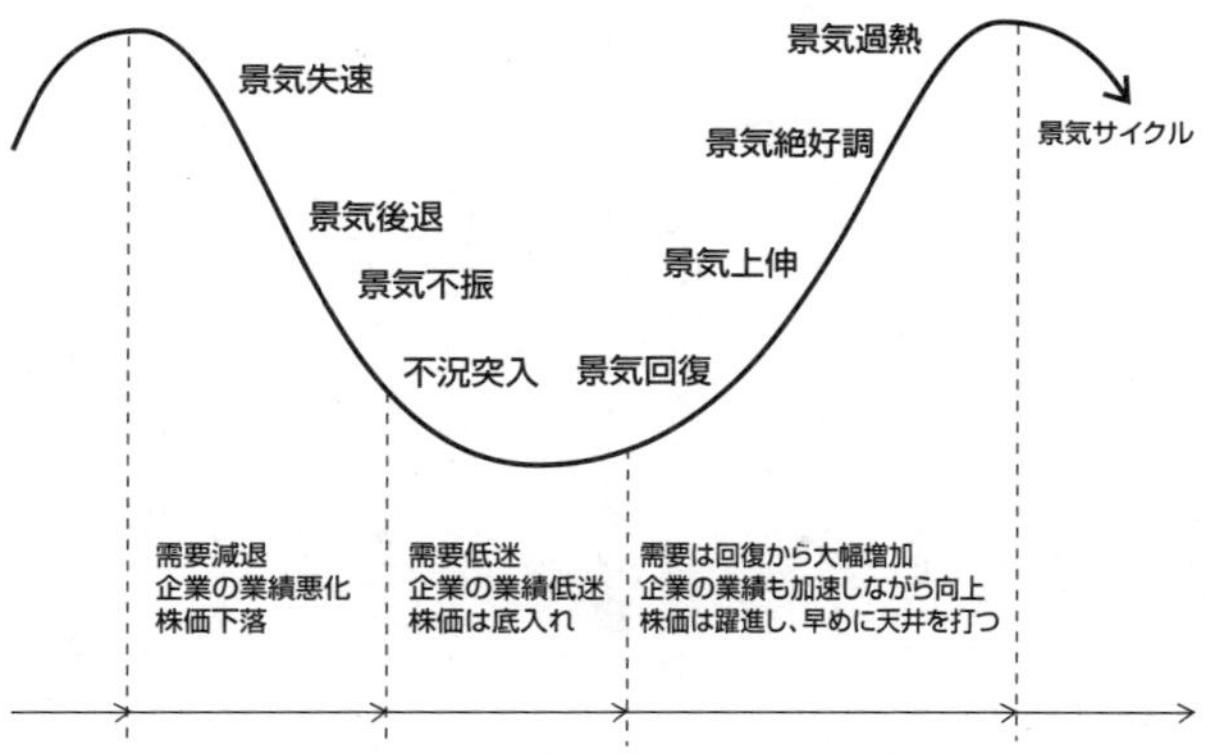

図11　景気と企業収益と株価

大きなうねりに早め早めに乗ることが大事。いずれ来る景気失速から下降の流れには、図8で示したように現金運用、そして次に債券投資という順で乗るのだ。

長期投資はスタートが肝心

長期投資の手順なんて簡単なもの。こちらの勝手な先読み、早めの買い仕込み、業績向上を先取りした株価上昇、そして最後に業績大幅回復の報道という順を追って物事は展開する。

すごい業績発表で多くの投資家がワッと買いにくる数年前には、われわれは買い仕込みを終えてしまっているわけだ。

ということは、気がついたら株価も上がり投資収益も積み上がっていることになる。

そうなのだ。長期投資はスタートが肝心。

大きなエネルギーのうねりを先取りして、早めに安く仕込んでしまえば、後は大波が押し寄せてくるのを待つだけ。自分たちの後から大きな買いが入ってくるイメージを大事にし、とにかく早め早めの行動に徹することだ。

一番最初にくるのが将来の読み込みで、どこまで「推」と「論」を伸ばせるかが、先々の投資リターンを決定づけるとさえいえる。

しなやかに「推」と「論」を伸ばすには、フローチャート思考を身につけるに限る。

本書で一緒に勉強してみよう。

まずは、思いつきをなぐり書きしよう

大きめの紙を用意して、どんなテーマでもいいから「考える起点」を設定する。

その起点から発想される単語を、思いつくまま手当たり次第に書き込むのだ。バラバラで構わないが、とにかくスピーディに、一気に書きなぐる。

フローチャート上には思いつくままの単語を並べるけれど、絶対に文章を書いてはいけない。文章にすると、そこで発想が止まってしまう。

いろいろな単語が並び、それに関連すると思われる項目が雑多に書き込まれ、紙面がいっぱいになってくるころには、フローチャートの原形が出来上がる。

それらを上から眺めながら、論理の流れる順に各項目を鉛筆の線でつなげてみる。あるいは、論理が流れると思える部分だけを線で結んでいってもいい。

おそらく、いろいろな項目に縦や横や斜めの線が入り混じった、ゴチャゴチャの図式ができるはず。描いた本人しか判読できないような、やたらと汚いフローチャートにウンザリするだろう。

そこで別の紙を用意して、今度はいろいろな発想がスッキリ流れる順に項目を並べ替え、線を引き直してみる。並べ替える時に、時間軸を考慮することを忘れないようにしよう。今回は、ずいぶんときれいなフローチャートが出来上がっただろう。

次なる作業は「ここからここへの展開はあるよな」と思える部分だけを、濃い鉛筆で結んでみる。「この可能性はちょっとどうかな」と思える展開は、そのまま放っておく。

するとどうだろう。いろいろな可能性が5年とか10年の結構長い時間軸でちりばめられているなか、濃い鉛筆線で結んだ部分部分がくっきりと浮かび上がってくるはず。

他方「どうも先への展開が伸びていかないな」ということで、鉛筆線が切断されている項目部分もいっぱいあるはず。それらが気になって仕方ない。これも、フローチャートのおもしろいところだ。後で書くが、この気がかりはものすごく重要である。

いよいよ読み込み作業の開始

ともあれ、作成したフローチャート全体をじっくり眺めるのだ。「この可能性はどうかな」「ここからここへの展開があるとしたら、どういった新規項目やどんな条件が揃うといいのだろうか」などと、あれこれ想像してみよう。

新たな発想が浮かび上がってきたら、そういった項目や関連事項をどんどん書き足していって構わない。次から次へという書き足しがフローチャートを厚みのあるものにしてくれる。

そのうち2枚めの紙もいっぱいになって、ゴチャゴチャしてくる。そうなればなったで、3枚めの紙に書き直してみよう。

ここで言っておくけれど、フローチャート作成は想像以上に手間暇がかかる。それでも、この作業は絶対に重要。鉛筆を持って書き込む手や、紙面を見つめる目はもちろん、脳にもたっぷり汗をかかせてやる必要がある。

何枚も何枚も書き直して苦労しておくことが、後で効いてくる。自分でも信じられないほど、しなやかな発想ができるようになる。大きな空間での論理的な思考力も身についてくる。

この段階ではとにかく、いろいろな可能性を考えながら、手元のフローチャートをじっと眺めるのだ。

途中で疲れたら、1日目はここまでとする。2～3日してから、また眺めてみる。やはり、あれこれ想像したり「どうだろう。うん、いけるかな」と、ブツブツ言いながら考える。

この繰り返しをやっているうちに、「強いイメージが湧いてくる」部分と「さっぱりの部分」とが、自然と色分けされてくる。

将来に強い可能性のイメージが持てれば、そのまま長期投資の買い準備に入ればいい。「5年とか10年の時間軸でみてみると、強い可能性を感じられる方向に位置しているぞ」と思える企業の株を、今のうちに安値があれば買っておけばいい。

一方「さっぱりの部分」は、せっかくのフローチャート作成も、くたびれ儲けで終わってしまう?

いや、とんでもない。

未知の情報を探り出すきっかけ

実は、「ここのところが流れないな」と思ったところに、大きなヒントが隠されている。

「どうも、論理が流れない」というのは、そこまでの展開に無理があるのか、そこから先の展開で何かが足りないからだ。

もし、そこまでの展開に無理があると思われるのなら、前へ戻って項目を入れ替えてみたり、別の流れをあれこれ想定してみよう。すると、予想もしなかった可能性の展開に気づくことがある。

「そうだ、こういった展開もあるわな」と、思わずニヤニヤしてしまう。これは儲けもの。

多くの投資家にとって未知の情報は、株価にまったくといっていいほど織り込まれていない。先に気がついた人の勝ちである。

もし、何かが欠けているのなら、「どんな状況変化が入ってきたら、この展開は流れるのだろう」といった具合に、ありとあらゆる可能性を考えてみるのだ。

「ここへ、こんな項目が乗っかってくると、このへんの展開が一気に現実となるのだけれど。惜しいな」といった読みが出てくると最高。どういうふうに最高なのか?

その状況変化を示唆する情報さえ入ってくれば、まったく新しい展開が大きく広がるはず。突如として、新しい可能性が現実味を帯びてくるわけだ。

状況変化がもたらす新しい展開の可能性に関しては、まだ誰も気づいていない。こちらの場合も、まだ価格には織り込まれてはいない。

このふたつとも、多くの投資家にとっては未知の情報といえる。当然のことながら、投資価値のきわめて高い、第一級の情報である。

フローチャート思考の最大のメリットは、この飛び切り投資価値の高い情報を探り当てて、狙い撃ちすることができる点にある。

長期投資の銘柄が浮かび上がってくる

いまひとつイメージが湧いてこないって？　でも、だいじょうぶ。まずは、身近で具体的なテーマを選んでみよう。いきなり大きな模造紙を広げられて、そこをフローチャートの項目でいっぱいにしろなどと言われても、多くの人はとまどってしまう。

だからこそ、自分がよく知っているような、身近な物事をテーマに選ぶ。そうすれば、多少なりとも発想が飛びやすくなるはず。難しいテーマでフローチャートを作るのは、身近なテーマをいくつかこなしてからでも遅くはない。

ところで、ここまでのところを読んで、読者の皆さんは、フローチャートに何を期待しているだろうか。

「やっぱり、儲かる銘柄を発掘できそうだから」。確かに、最終的には、長期投資で大きく儲かりそうな銘柄を発掘するところに、フローチャートを作る狙い、目的がある。

でも、そればかりにこだわってしまうと、逆に深い落とし穴にはまってしまう恐れがあるから、注意したほうがいい。それは、銘柄発掘を焦りすぎるあまり、自分の頭で無理やりゴールを設定してしまい、そのゴールに合うような筋書きを作ってしまいがちなことだ。

予想外の展開のなかに、第一級の発見、未知の情報を見出すことが、フローチャート作成の本質。予定調和的なシナリオ作成では、特定の銘柄を投資家に買ってもらうために作られている証券会社のレポートと、何ら変わることがない。

じゃあ、どうすればいいか。答えはたったひとつ。それは、銘柄を見つけようなどとは考えずに、自然のままに、フワーッと流れるように、発想を伸ばしていくこと。

「儲かる銘柄探し」を目的に、本書を手に取られた方にとっては肩透かしかもしれないが、第3章以降のフローチャートでは、具体的な銘柄にまでは言及していない。繰り返しになるが、フローチャートを作るうえでまず大事なことは、銘柄を当てることではなく、長期投資の発想を身につけることである。

だからこそ、頭のなかにふと浮かんだ言葉を、どんどん模造紙に書き込んでいく。発想を先へ、先へと飛ばしていくうちに、いつのまにか、長期投資してみようと思える銘柄が、模造紙の上に、いくつか浮かんでいるはず。

もっと言えば、フローチャート思考に基づいて浮かび上がってきた銘柄は、安心して買いにいくことができる。というのも、フローチャートを作成している段階で、かなりしっかりとしたロジックが組まれているからだ。

発想をどんどん飛ばして、思い浮かんだ言葉を模造紙に書き込んでいく。これが「推」の部分。

そして、書き込まれた数多くの言葉を眺めて、論理の流れる部分を線で結び、大きな構造を組み立てていく。これは「論」の部分だ。

「推」だけの銘柄選びでは、ややもすると根拠が脆弱《ぜいじゃく》で、なおかつ買った銘柄が値上がりするかどうかは、「運」に左右されがちになる。でも、フローチャート思考を用いれば、「推」だけでなく、「論」についても、きちっと整理することができる。頭のなかがすっきりしてきて、迷いもなくなる。だから、株価が下がった時に、思い切って買いにいけるようになる。まさに、長期投資の醍醐味《だいごみ》だ。

では次章から、いよいよフローチャート思考実践編を一緒にスタートさせよう。ちなみに、文章の中身については、「はじめに」に出てきた竹内氏、鈴木氏とともに、1年半近い歳月をかけて続けてきた「フローチャート教室」の様子を、できる限り再現したつもりだ。肩肘《かたひじ》張らず、気軽な気持ちで、楽しく読み進めていってほしい。

第3章　富の大移動が始まる

さあ、いよいよ本格的にフローチャート作りに取りかかってみようか。

フローチャートを作るためには、まずはテーマを決めなきゃね。何でもいい。えっ？「21世紀の日本がどうなるか」だって？

ダメダメ。もちろん、どんなテーマでもフローチャートを作ることは可能だけど。でもね、最初からそんなに大きなテーマを掲げてしまうと、途中で苦しくなっちゃうよ。だって、テーマ自体が漠然としているから、何をどう展開すればいいのか、全然見えてこないでしょ。

だから、最初はもっと身近なテーマから考えてみよう。そうだねぇ。できれば、すべての世代に共通するようなテーマがいいかな。

たとえば、これからの日本は少子高齢化がどんどん進んでいくんだけど、そのなかで、どの世代が本当の意味で逃げ切ることができるのか、なんてのは、どうだろう。「逃げ切り」って言うのは、つまり年金も満額支給され、退職金も十分にもらえる。その結果、ハッピーリタイアメントができるって意味だよ。

どの世代がそうで、どの世代からがそうじゃなくなってしまうのか。ちょっとおもしろいんじゃない？

現時点における高齢者層は、まさにハッピーリタイアメントと思っているはず。

で、その下の団塊の世代は、２００７年ごろから定年を迎えてくるから、もう具体的に第二の人生をどうすればいいのかを考えなきゃならない。そして、ひょっとしたら自分たちは、上手《うま》く逃げ切れるんじゃないかと思っている世代でもあるよね。

よし、決まった。フローチャート第1弾は、「逃げ切り世代はどこにいる?」でいってみよう。さあ、模造紙を広げて。イマジネーションを働かせて。思いつくままに、いろんな言葉を書き並べてみようよ。

逃げ切れると思っている人たちは誰?

まあ、どの世代も、そして誰もが、しっかり退職金をもらって、年金も満額支給されればと思っているはずだよね。40年近くも会社で働いていれば、それなりにお金が貯まる。あとは年金をもらいながら、旅行に釣りにゴルフにと、第二の人生を楽しむ。

20代、30代の人たちにとっては、まだまだ遠い未来の話だから、なかなか実感が湧いてこないと思うんだけど、40代半ば、50代ともなると、そろそろ老後の準備が気になるところじゃないかな。

それじゃあ、まずは各世代別に、今がどういう状況かということを考えてみようか。

まずは年齢別に、世代を区切ってみよう。60歳以上の高齢者層、50代半ばから60歳までの団塊の世代、40歳から50代半ば、そして40歳未満。この4つの年齢層別に、現実を見てみると……。

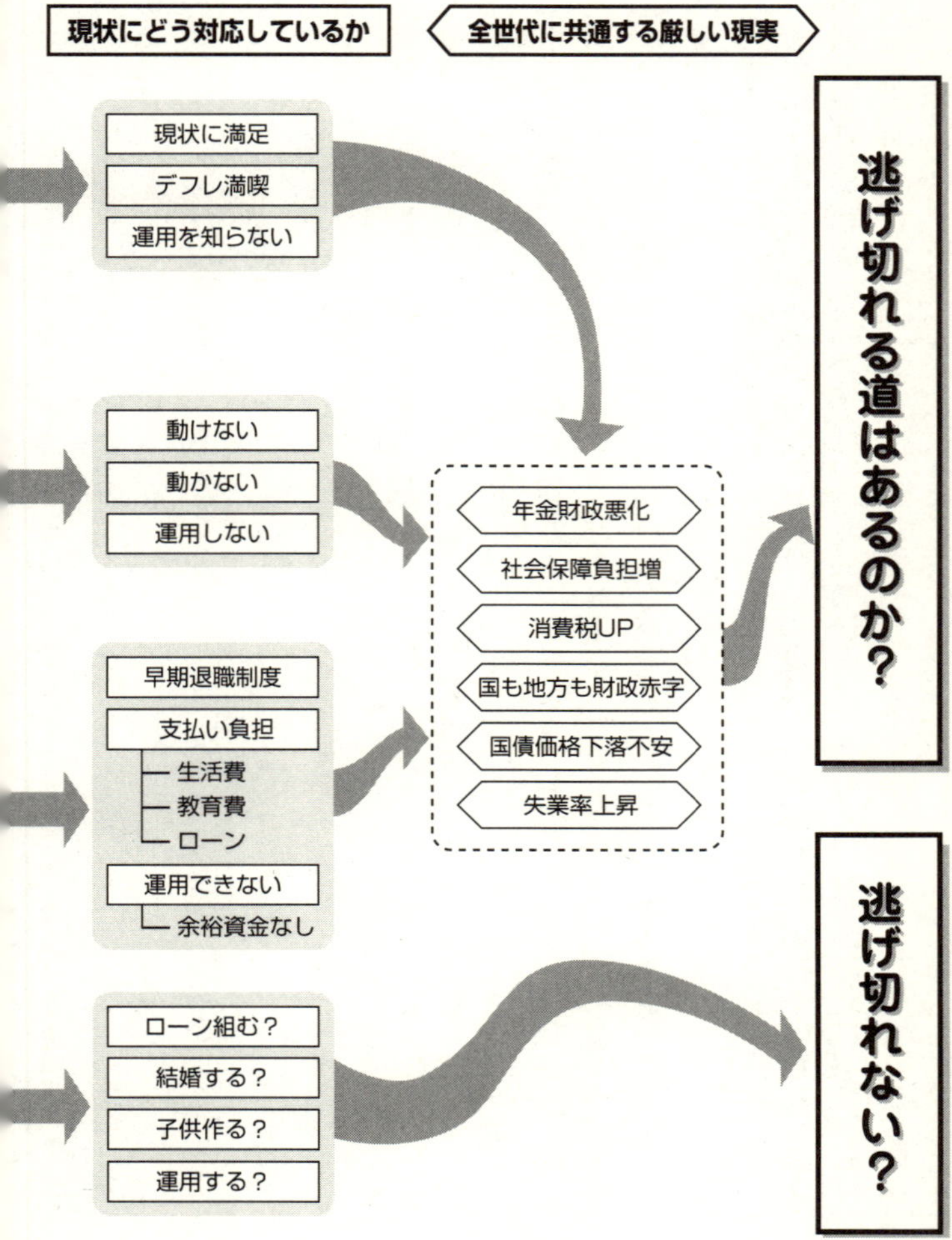
現状にどう対応しているか
全世代に共通する厳しい現実
現状に満足
デフレ満喫
運用を知らない
動けない
動かない
運用しない
早期退職制度
支払い負担
生活費
教育費
ローン
運用できない
余裕資金なし
ローン組む？
結婚する？
子供作る？
運用する？
年金財政悪化
社会保障負担増
消費税UP
国も地方も財政赤字
国債価格下落不安
失業率上昇
逃げ切れる道はあるのか？
逃げ切れない？

世代ごとの現実はこんな感じ

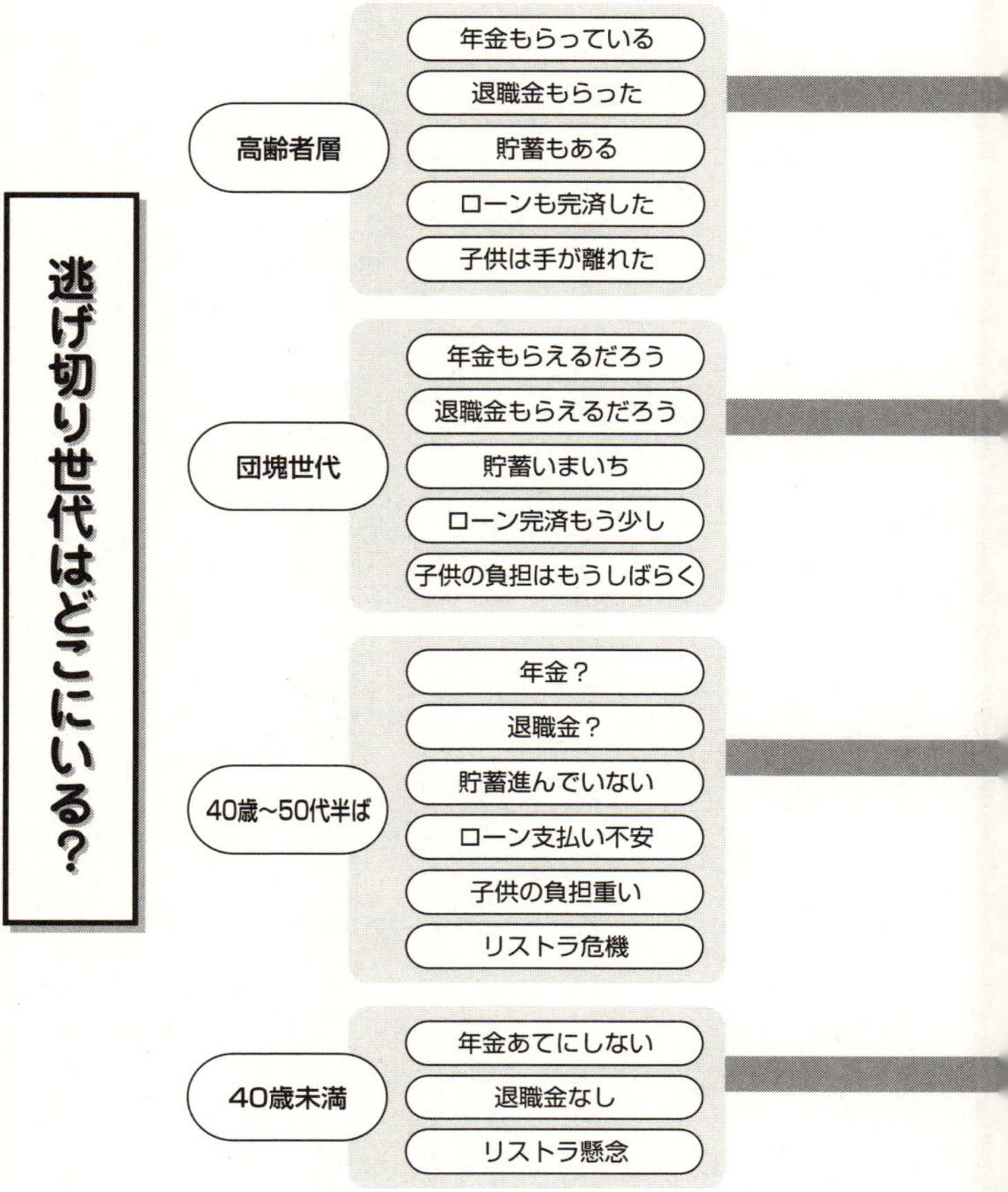
逃げ切り世代はどこにいる?
高齢者層
年金もらっている
退職金もらった
貯蓄もある
ローンも完済した
子供は手が離れた
団塊世代
年金もらえるだろう
退職金もらえるだろう
貯蓄いまいち
ローン完済もう少し
子供の負担はもうしばらく
40歳～50代半ば
年金?
退職金?
貯蓄進んでいない
ローン支払い不安
子供の負担重い
リストラ危機
40歳未満
年金あてにしない
退職金なし
リストラ懸念

まあ、一番逃げ切れると思っているのは、おそらく高齢者層だろうね。現実に年金は満額支給、退職金もきちんともらった。高度経済成長にのってサラリーマン生活を過ごしてきたから、それなりに貯蓄もある。

もちろん、住宅ローンは返済済みで、子供も独立している。戦後日本の成功体験を地で行くような人たちだね。もう、第二の人生には何の憂《うれ》いもない。

団塊の世代も、まだ安心しているんじゃないかな。何のかの言われていても、年金はだいじょうぶだろう、退職金ももらえるだろう。

ただ、ちょっと心配なのは、貯蓄が今ひとつということ。そして、ローンの完済もあと少し。子供の教育費負担もちょっとだけ残っている。でも、まあ何とかいけるだろうという希望的観測を持っている。

ところが、これが団塊の世代以下になると、状況は厳しくなってくるよね。団塊の世代は人口が多いのに、それ以下の世代からは人口が減っていく。

ということは、団塊の世代が年金をもらうようになると、少ない人たちで大勢の人たちを養っていかなければならない。したがって年金は、自分たちがそれまで払ってきた分くらいをもらえるかどうかのギリギリになるだろうし、退職金もわからない。

かつての長期右肩上がり経済の時代とは違い、今は簡単にリストラされる危険もあるよね。もっと言っちゃえば、将来の収入が不安なのに、住宅ローンはたくさん残っている。

子供の教育費負担もまだまだ。貯蓄だって進んでいない。このように、将来に対して不安を抱き始める年齢が、この世代なんだ。

そして40歳未満の世代。ここまでくると、もう諦めムードいっぱいで、年金はもらえない、退職金もダメということを、リアルにとらえている。リストラなんて、「あってあたりまえ」という考えを持っていて、国に対しても、また会社に対しても、「いざとなれば、なんとかしてくれる」といった幻想は抱いていない。

と、まあ、こんな感じだろうか。今の段階では、高齢者層が「完全逃げ切り世代」で、団塊世代が「希望的逃げ切り世代」。そして、40歳から50代半ばまでが「逃げ切りできないかも世代」で、40歳未満が「逃げ切り諦め世代」ってところかな?

運用を知らない、しない、できない世代?

さて、無事に逃げ切れるために必要なものって、いったい何だろう。

「生きがい」?　「夫婦の絆《きずな》」?　まあ、どれも確かに大事なものではあるけれど、リアルに現実を見据えれば、やっぱり経済的な基盤が大切だよね。身も蓋《ふた》もなく言ってしまえば、「お金が大事」ってこと。

それを頭の片隅に置いて、各世代が現実にどう対応しているのかを考えてみよう。

まず高齢者層は、現状に満足しているはず。だって、何の憂いもないから。で、今はデフレだけど、お金はたくさん持っているから、むしろデフレは大歓迎。だって、モノの値段が下がるほど、より多くのモノを買うことができるし、年金も確保されている。

その一方で、もう会社はリタイアしているから、デフレで会社の業績が悪化して、給与収入が減ってしまうという恐れもない。しかも、この世代は高度経済成長で国内金利が高かったころの恩恵を受けているから、黙って預貯金してさえいれば、お金は順調に増えるものと思っている。いわば、運用を知らない世代でもあるんだ。

団塊世代になると、まだ将来に対して希望的観測のほうが強いから、あえて動かない。黙っていれば、何とか退職金ももらえるだろうし、年金だって満額入ってくると思いたい。また現実問題として、ローンも残っているし、子供の教育にもお金がかかるから、リスクをとってまで行動しようとも思わない。

こうした、やや保守的な行動パターンからしても、自ら智恵を絞って、運用をしようとは考えない。運用しなくても、何とか預貯金と年金で、老後の生活を維持できると思っているはずだ。

その下の世代になると、経済的な苦しさが、いよいよ現実味を帯びてくる。早期退職制度によってリストラを強要されるし、生活費や教育費、住宅ローンなどの支払いに追われるなど、支払い負担は増すばかり。こうなると、「預貯金だけに頼っていてもダメ。運用しなきゃ」と思うんだけど、余裕資金がないから、「運用できない」という現実に直面することになる。

で、40歳未満の諦め世代は、上の世代の苦しい現状を見ているから、行動パターンが大きく変わってくる。極端な話をすれば、ローンも組まなければ結婚もしない、子供も作らないということで、できるだけ自分の生活を身軽なものにしようと考えるんじゃないかな？　しかも、この世代で大事なことは、運用することを現実のものとしてとらえていることなんだ。

収入は不安定でも、身軽な生活を送っているから、意外と運用に回すことのできるお金は持っている。そのうえ自分たちの上の世代が、運用できないことで苦しんでいる、その現実を目《ま》の当たりにしているから、「ちょっとでも運用しなきゃ」ということに気づく。

どう？　少し勘のいい人だと、この段階で「ん？　何かちょっとおもしろいことになってない？」って思うんじゃないかな。

厳しい現実が全世代を襲う

何がおもしろいかって？　そう結論を急がずに。

まずは僕たちの前に、どんな厳しい現実が待ち構えているのかを考えてみようよ。さまざまな厳しい問題が現実化した時、それでも「完全逃げ切り世代」が本当に逃げ切ることができるのかという、ちょっと意地悪なシミュレーションかな。

新聞でも雑誌でも、日本の未来がどれだけ厳しいものなのかということが、しょっちゅう書き連ねられているよね。確かに、僕たちの目の前には、厳しい現実が待ち構えている。できることなら、何も見たくはないし、知りたくもない。そう思っている人も、いるでしょ。

でも、明るい未来に向かって進むためには、こうした厳しい現実も乗り越えなければならない。いつかは、明るい未来が来るんだということを信じて。

それじゃあ、何が厳しい現実問題として横たわっているのかを、ひとつずつ挙げていってみよう。

ほら。頭に浮かんだことをどんどん書いてみて。そう、少子高齢化の問題だよね。で、それは、具体的にどんな問題へとつながってくるかな?

そうそう、まずは年金財政の問題だよね。特に、団塊の世代が定年を迎えて年金をもらうようになると、大勢の年金受給者を、少ない現役世代が支えなきゃならなくなる。で、年金をもらう側の人たちも、現役世代の負担を軽くするということで、年金の受給額が減るなんて問題に直面することになるだろうね。

社会保障費の負担増という問題もあるよね。すでに医療保険制度の改革によって、40歳になったら介護保険料の負担を強いられるし、病院に行くお年寄りだって、自己負担額が増えてきている。少子高齢化が進んで、国の医療費負担が増えているから、その負担を国民全員に負ってもらおうということなのさ。

こうなると、税金だって増えてくる。消費税は今、5%ですんでいるけど、すでに財務省あたりは、将来にかけて消費税率が10%を超えるという宣言を出している。消費税は、モノやサービスを購入した時点で、すべての人に公平にかかってくる税金だから、まさに国民全員が負担するものだよね。

なぜ、消費税の増税が検討されているのか、わかるかな？

そう。今では国も地方自治体も、財政赤字で苦しんでいるからなんだ。景気を回復させるために、どんどん公共事業が行われたよね。でも、不景気だから法人税や所得税が減ってしまっている。税金は減っているのに、公共事業などで使うお金が増えているから、その分、財政赤字がかさんでいくってわけ。

財政赤字が増えると、当然、国も地方も借金をしなければならなくなるよね。国であれば、国債をどんどん発行して、お金を調達する。財政赤字の問題は、後でたっぷり説明するけど、国債の発行額が増えると、それを買った投資家は、「本当にこの借金、返してもらえるのかな？」と疑問に思うはずだよね。

その結果、日本の国債を持つことへの不安感が高まって、国債が暴落する恐れも高まってくる。

そして、最後に失業率の上昇。高度経済成長期のように、企業が大勢の人を抱え込んでいられる時代は、もう終わったよね。これからは、企業も効率経営を目指してくるだろうから、業績が悪くなれば、リストラだって行われる。日本の失業率は、まだ5%ちょっとのところだけれども、これからはもっと上昇していくんじゃないかな。

現役世代からすれば、収入が減って、しかも税金や社会保障費、あるいは年金支払いの負担が増える。一方、年金をもらっている世代も、こうした厳しい現実問題に直面するにあたって、年金受給額の減額や、医療費負担の増加を強いられる。

そう。逃げ切れると思っている世代も、逃げ切れるかなと思っている世代も、または、もう逃げ切れないと思っている世代も、等しくこうした混乱に直面するんだ。

その混乱を経て、各世代にどんな変化が現れてくるのか。それを考えてみると、アッと驚くどんでん返しがあって、これまたおもしろいことになりそうなんだよ。

いったい、誰が逃げ切れるのか?

将来、必ず直面する社会的な問題は、大きく分けて3つあると思うんだ。「年金問題」、「財政問題」、そして「失業問題」がそれ。

こうした問題に直面した時、各世代がどういう状況に陥るのか。ちょっと考えてみよう。

それじゃあ、まずは高齢者層から。さっきも言ったように、高齢者にとっては年金受給額が減額される恐れがある。当然、この世代にとって年金は、数少ない、あるいは唯一の収入源だから、その年金受給額が減るということは……？

そう。貯蓄を取り崩さなければならないんだね。毎月の生活で生じる赤字分を穴埋めするために、それまで貯めてきた預貯金を取り崩さざるを得なくなっちゃうんだ。

しかも、やっと独立したと思っていた子供たちが、リストラや失業で収入が激減して、食べていけなくなってしまう。子供の教育費の面倒を、おじいちゃんやおばあちゃんがみるなんて話、聞いたことあるんじゃない？　このような、子供のパラサイト化現象が加速すれば、ますます高齢者層の生活は苦しくなってしまうよ。だから、決してこの世代が、「逃げ切れる世代」ではないんだ。

団塊の世代が抱いている甘い期待感も、こうなると見事に打ち砕かれてしまう。もう、言うまでもなく年金不安は現実化しているだろうし、それによって年金受給額が減るだけでなく、受給開始年齢がさらに引き上げられるなんてことも、ここ数年のうちに起こる可能性は十分にある。

退職金だって、全員がもらえるとは限らない。もちろん、全額もらえる人もいるだろうけど、自分の勤めている会社が倒産しちゃって、退職金がもらえないなんてケースもあると思うよ。

そのうえ、成熟経済では企業の資金需要はそう伸びないから、金利水準は低めとなる。

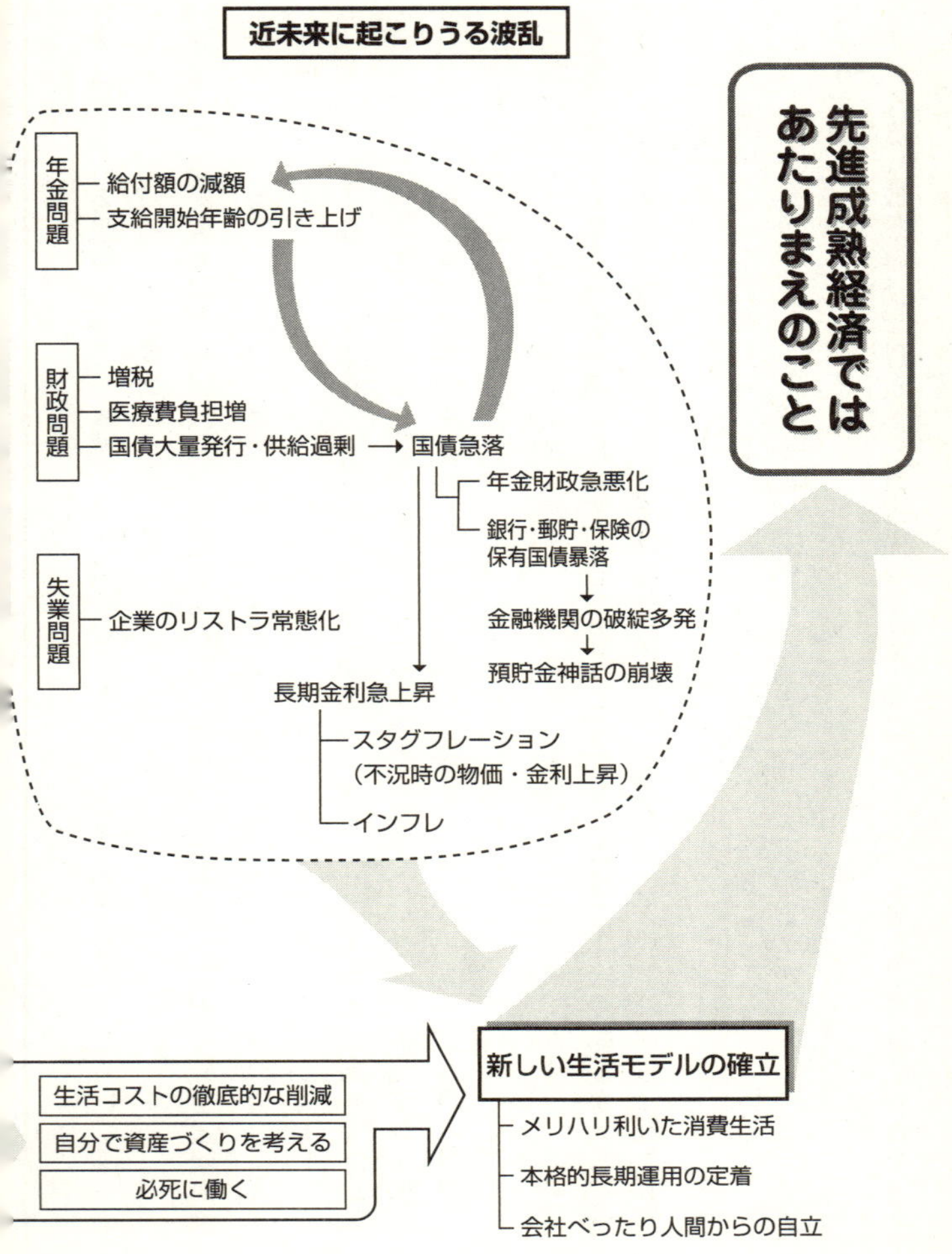
近未来に起こりうる波乱
先進成熟経済では
あたりまえのこと
年金問題
給付額の減額
支給開始年齢の引き上げ
財政問題
増税
医療費負担増
国債大量発行・供給過剰
国債急落
年金財政急悪化
銀行・郵貯・保険の
保有国債暴落
金融機関の破綻多発
預貯金神話の崩壊
失業問題
企業のリストラ常態化
長期金利急上昇
スタグフレーション
(不況時の物価・金利上昇)
インフレ
生活コストの徹底的な削減
自分で資産づくりを考える
必死に働く
新しい生活モデルの確立
メリハリ利いた消費生活
本格的長期運用の定着
会社べったり人間からの自立

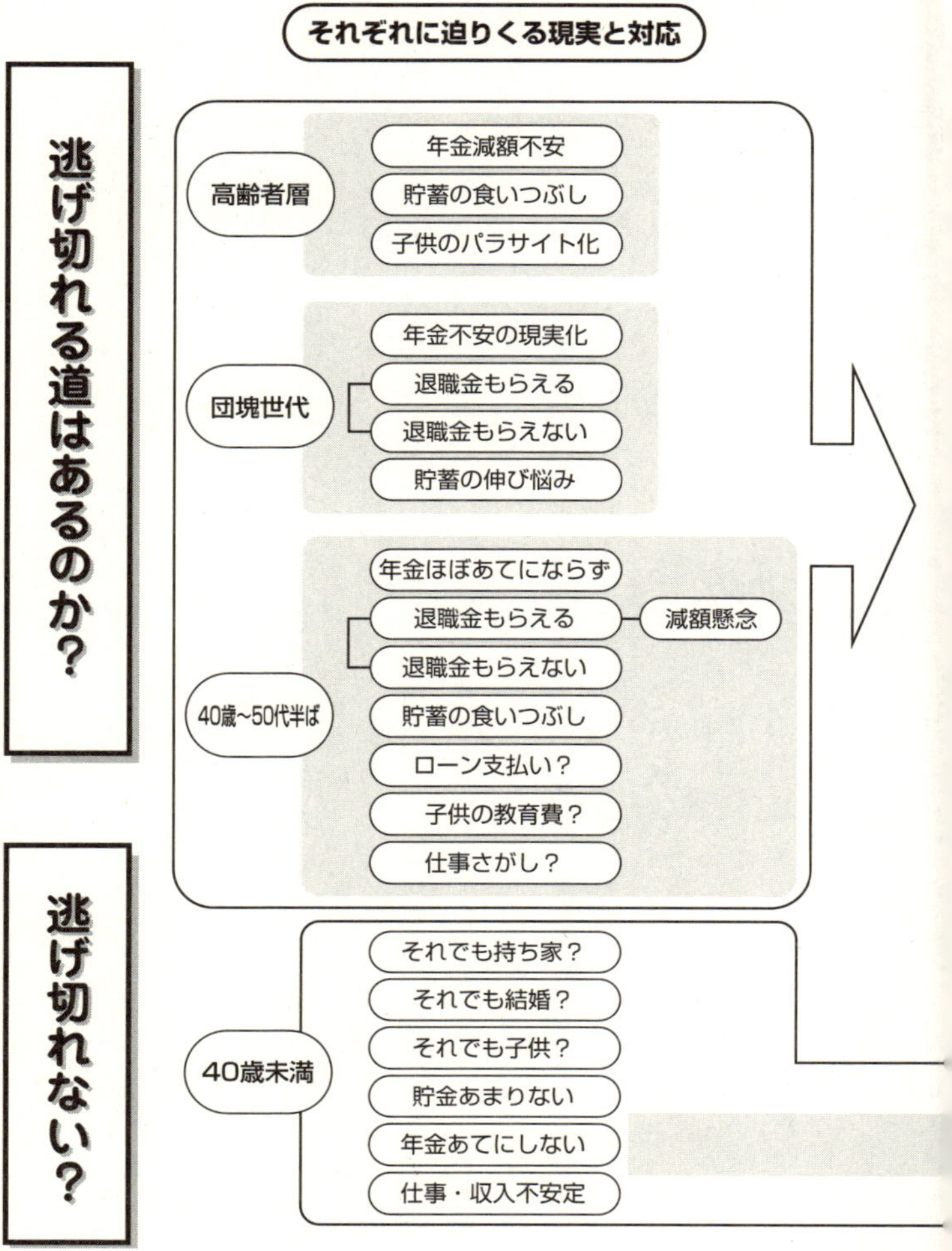
それぞれに迫りくる現実と対応
逃げ切れる道はあるのか？
高齢者層
年金減額不安
貯蓄の食いつぶし
子供のパラサイト化
団塊世代
年金不安の現実化
退職金もらえる
退職金もらえない
貯蓄の伸び悩み
40歳～50代半ば
年金ほぼあてにならず
退職金もらえる
減額懸念
退職金もらえない
貯蓄の食いつぶし
ローン支払い？
子供の教育費？
仕事さがし？
逃げ切れない？
40歳未満
それでも持ち家？
それでも結婚？
それでも子供？
貯金あまりない
年金あてにしない
仕事・収入不安定

したがって、貯蓄の利益収入だって伸び悩むだろうから、そうそう簡単に逃げ切れるとは思えない。この世代はおそらく、逃げ切れる人と逃げ切れない人との格差が、徐々に開いてくるんじゃないかな。

40歳から50代半ばの世代は、年金がほぼあてにならないし、退職金だって、もらえたとしても減額される恐れが出てくる。しかも、団塊の世代と同じように、勤めている会社が倒産すれば、退職金をもらうことができない。大変な世代だよ。しかも、貯蓄の食いつぶしが本格的に始まるし、ローンや子供の教育費も、きちんと払えなくなるかもしれない。企業倒産やリストラによって、それこそ新しい仕事探しをしなければ、生きていくことが難しくなる。あらゆる世代のなかで、最も閉塞《へいそく》感を感じているのは、やはりこの世代かもしれないね。

どうだろう。こうして考えてみると、高齢者層も団塊の世代も、また40歳から50代半ばまでの世代も、等しく逃げ切れない世代であるということが言えるんじゃないかな。

でも、ここで意外な世代が浮上してくるんだ。それは、絶対に逃げ切れないと思われている、40歳未満の世代。この世代が、これからの日本における、新しい生活モデルを築き上げていく可能性は、十分に高いと思うよ。

成熟経済における新たな生活モデル

さて、逃げ切れない世代と思われている、40歳未満のライフスタイルがどんなものか、ちょっと想像をはたらかせてみようか。

就職したら結婚して、子供を作り、退職金をあてにして長期のローンを組んで家を買う。こうした、今までの人生設計が通用しないと思っているのが、この世代。しかも、貯金もあまりない。当然、年金だってあてにしていないし、仕事や収入も不安定。

思うだけで暗くなってくるかい？　そうだよね。高度経済成長の成功法則を引きずったままでいる人たちの目には、このような状況は、きわめて厳しい現実のように映るかもしれない。

でも、20代、30代の人たちは、ある意味、開き直りの気持ちで、こういった厳しい状況を生き抜いていくと思うよ。いや、生き抜いていかなければならないからこそ、そこにいろいろな智恵が生まれてくるんじゃないかな。

一方、近未来にどんな混乱が生じるのかということに思いをめぐらせると、さっきも簡単に触れたように、年金問題と財政問題、失業問題がクローズアップされてくる。

それぞれの問題点を、ちょっと整理してみようか。

まず年金問題といえば、給付額の減額と支給開始年齢の引き上げが一番の問題だよね。

財政問題は、増税を招き、医療費負担を増やす。そして、国債が大量に発行され、市場では供給過剰が生じる。その結果、国債価格が暴落する可能性が否応《いやおう》なしに高まる。

国債価格が暴落すると、どういうことになるかわかるかい？

今、国が借金をするために発行している国債は、銀行をはじめとする金融機関や、公的年金などが大量に保有しているんだ。これは、預金として集められたお金や、将来の年金給付に備えてお金を運用するためなんだけど、国債価格が暴落すれば、当然、国債で運用しているお金はどんどん目減りしていく。運用成績が悪化していくんだね。

その結果、公的年金であれば、年金財政の悪化という問題に直面する。その問題がさらに悪化すれば、支給額の減額や、支給開始年齢の引き上げといった年金問題が深刻化していくんだ。

国債を大量に保有している銀行、郵便貯金、保険会社だって、大変なことになる。今は、銀行の不良債権問題も一段落したようだけど、国債価格の暴落が本格化したら、第二の不良債権問題化するのは間違いない。つまり、金融機関がどんどん破綻《はたん》する恐れが生じてくる。

こんなことになっちゃったら、「預貯金ならば、元本は安全」という預貯金神話も、完全に崩壊するはずだよね。

そうなったら、どんな影響が出てくると思う？

加速するインフレが襲いかかってくる

そう。預貯金での運用しか知らない高齢者層や団塊世代が持っている資産が、大きな衝撃に見舞われることになるよね。預貯金神話は崩壊。でも、他の運用法を知らないとなれば、自分の大事な資産を守ることができなくなってしまう。

そのうえ、国債暴落は長期金利の上昇とセットになっているから、国債価格の暴落にともなって、長期金利が大きく跳ね上がる。住宅ローンの金利も急上昇。そうなったら、住宅ローンの支払いが完了していない団塊世代、さらには40歳から50代半ばの世代にとっては、変動金利分のローン負担が重くなって、生活がさらに厳しくなってしまう。

しかも、ここにインフレの問題が襲いかかってくる。国債価格が暴落して、日本という国に対する信頼感が失われたら、外国為替《かわせ》市場では円が売られるはずだよね。つまり円安。そうなったら、海外から輸入しているモノの値段がどんどん上昇していくから、インフレが加速する恐れが高まってくるんだ。

加えて、平成不況によって世界史に例をみない超低金利政策がとられたから、それこそお金はジャブジャブに余っている。そのお金が、いっせいにモノの購入に向かってごらんよ。昔のオイルショックじゃないけれど、モノの値段は天井知らずで上がってしまう。

もちろん、景気が絶好調だったら、給料も1年ちょっとぐらいの後追いで増えていくから、多少インフレになったとしても、その影響を最小限に抑えることができるかもしれない。でも、スタグフレーションといって、不景気の最中に物価がどんどん上昇したら、さらに僕たちの生活は貧しいものになってしまうんだ。

そのうえ、終身雇用や年功序列の賃金体系はあっという間に過去形となってしまった。これまでのように、「働いている以上何とかなる。多少なりとも収入があるからだいじょうぶ」なんて、お気楽なことは言っていられなくなる。

もはや、右肩上がり成長が続いた頃の「待っていれば、なんとかなる」の結果オーライは期待できない。いろいろな経済変動が生活基盤を直撃することになるわけだ。

ちょっと厳しい言い方になるけど、今後いろいろ起こり得る経済的混乱を、高齢者層や団塊世代、さらに40歳から50代半ばまでの世代に属する多くの人は、無傷のまま潜《くぐ》り抜けることはできない。

でも唯一、大きなダメージを受けずにすむ世代があるんだ。それが、「逃げ切り諦め世代」に属する40歳未満の人たちなんだ。

結婚するしない、子供を作る作らないは個人の問題だけど、この世代は、その上の世代の人たちに比べて、持ち家に対する幻想が少ない。借金してまでマイホームを手に入れようという意識が少ないからこそ、しがらみがなく、自由に生きることができる。

しかも貯金がないから、銀行が破綻しようが、いっさい関係がない。生活コストだって、最小限に抑えようと努力している。

年金もあてにしていないから、年金財政が悪化して支給額が減額されても、何とも思わない。その一方で、自分で智恵を絞って手持ちの資金を運用しよう、将来のキャッシュフローにつながる資産づくりをしようと思っている。

そして、仕事や収入が不安定だから、会社に頼って生きていこうとは考えない。自分でしっかり仕事を探し、必死になって働く。

もちろん、暗い未来を思って、いろいろ悩むだろうけど、時間が経過するにつれて、「生活コストの徹底的な削減」や「自分で資産づくりを考える」、あるいは「必死に働く」ということが、非常に効いてくるんだ。「うん、何とかやっていける」といった、生きていく上での自信らしきものが高まってくる。

まさに、これこそが、高度成長経済から成熟経済に移行しようとしている日本の、新しい生活モデルだと思わないかい？

つまり、無駄なお金は使わず、住宅ローンなど長期の資金固定化リスクは避ける。一方で、本格的運用が定着していく。そして、会社べったり人間からの自立を目指す。

そして、40歳未満の世代が新しい生活モデルで成功を収めていけば、それより上の世代も、このなかに新しい生き様《ざま》を再発見することになるはず。

日本人の一人ひとりが、こうした自助の意識を持って生活することによって、日本は本物の先進成熟経済に移行することができるんだよ。

なるほどポイント①　没落する者と、脱出しようと抵抗を試みる者

今までの日本経済は、本当の意味での「経済」ではない。つくづくそう思う。「経済じゃなければ、いったい何なの？」と思う人もいるかもしれない。でも、本物の「経済」というのは、必ず自由競争があって、そのなかで優勝劣敗と適者生存が生まれてくる。つまり、成功する人もいれば、没落する人もいるのが、普通の姿なんだ。

たとえ今、上手《うま》くいっている人たちといえども、いずれどこかの段階で驕《おご》りが生じて、贅沢《ぜいたく》もしたりする。結局、身体にも生き様にも贅肉《ぜいにく》がついてしまって、身動きも鈍くなったりする。

一方、没落している人たちは、いつか浮上してみせると必死に頑張る。厳しい生活をしているから、成功している人たちに比べて贅肉もついていない。いつかはの思いで、虎視《こし》眈々《たんたん》とチャンスを窺《うかが》っている。

そして、そこから主役交代が生まれてくる。今まで成功してきた人も、いつかは没落する立場に、そして今はどん底にある人でも、努力しさえすれば、いつかは報われる。つまり、自由競争があって、優勝劣敗が起こり、そこに主役交代が生まれる。

優勝劣敗と適者生存、これこそが経済なんだ。

誰もが幸せでいられた時代の終わり

もう一度、今までの日本経済がどういう状況にあったのかを考えてみよう。

戦後の日本経済は、あのバブル崩壊まで実に42年もの長い間にわたって右肩上がりの経済成長が続いた。そのなかでは、ほとんどの人たちが、高度経済成長による恩恵をたっぷりと享受《きょうじゅ》することができたはず。

もちろん、そうは言っても、全員が全員、大金持ちになれたわけじゃない。要領よく受験勉強を潜り抜けて、いい大学を卒業し、高級官僚や大銀行の行員、あるいは大企業に就職できた人と、中学あるいは高校を卒業して、そのまま中小企業に就職した人とでは、確かに生涯賃金に差があるだろうし、定年後の待遇も違ったものになったかもしれない。

でも、それがどれほどのものだと言うのだろう。確かに、多少の差はあるかもしれないけれど、今日食べるものに事欠くというほどのものではなかったはず。表面上は格差があるように見えても、実際には多くの人が幸せでいることができた。それが戦後、長く続いた高度経済成長期において、ほとんどの日本人が共有した生活設計だったんだ。

もう30年以上も前の話になるけれど、オイルショックという大きな出来事があった。これを機に、世界の先進諸国は低成長と経済社会の長期低迷に陥ってしまった。そのなかで日本だけが、わずか2年程度の停滞ですんでしまった。他の欧米諸国が、オイルショックの深傷《ふかで》から立ち直るまでに、6〜7年も必要だったのにね。

しかも、その苦しい間に、欧米では政治社会構造の変化や、さまざまな分野での主役交代が進んだのに、日本だけはそうしたことがほとんど起こらずに、再び経済拡大へと突き進んでいった。

国難ともいえる大きな混乱期を、国中が一丸となって乗り越えてしまった。新しい指導層の台頭とかはいっさいなしに。これは、世界史的に見てもきわめて例外なんだよ。

では、これからの日本経済がどうなっていくのか。確実にわかっていることは、もう、かつての高度経済成長期のように、誰もが幸せでいられる時代は終わったということだよね。

日本経済も、欧米先進諸国と同じように成熟経済に突入した。ということは、年率6%、7%というような成長率は期待できないだろうし、人それぞれの生き方によって浮き沈みも出てくる。上手《うま》くいく人もいれば、没落する人も出てくる。そういう時代に入ってきたんだ。

そうなると、皆が一緒に幸せでいられたという、かつての日本経済を覆《おお》っていた「あたりまえ」が、あたりまえじゃなくなってくる。

つまり、高度経済成長期における成功体験をベースにした人生設計はもう通用しない。

自分たちはまぁ何とか逃げ切れるだろうと思っている人たちも結局のところ、逃げ切ることができないという状況に陥る恐れがあるんだ。

自分の意思と判断で摑んだものはあるか

バブル経済が崩壊して14年にもわたり、日本経済はずっと低成長の時代が続いた。で、そのなかで僕たち日本人の意識は変わったんだろうか。

残念ながら、まだまだと言わざるを得ないのが現実だと思う。というのも、右肩下がり経済、低成長デフレ経済のなかで「日本人全員が没落していく」という見方が、蔓延《まんえん》していただけのこと。そこから新しい一歩をどれだけ多くの人が踏み出しただろうか。

マスコミが必要以上に、「日本はダメだ、ダメだ」と書き立てたのも問題なのかもしれない。

実は、右肩下がりになったからといって、全員にとって右肩下がりかというと、決してそのようなことはない。なぜなら、必ずどこかには、今の状況から脱出しようと、抵抗を試みる人がいるのだから。そういう人たちがいるからこそ、世代交代が起こって、新しい日本経済が築き上げられていくんだ。

だから、今が右肩下がりだから、あるいは没落期だからといって、皆が一緒になって沈んでいくと思うのは、ただの錯覚にすぎない。そう思っている人が大半であるとしたら、

「まだまだ日本は本当の成熟経済を知らない」などと、世界の経済先進国から言われても、仕方のないことだよね。

これまでの日本経済のなかで生きてきて、「これだけは、本当に自分の意思と判断で摑《つか》み取ったものだ」と言えるものがあるのかどうかを考えたことはあるだろうか。「ある」と自信を持って答えられる人は、ずいぶんと少ないんじゃないかな。

多くの日本人は、たまたまそこにあったエスカレーターに乗り、与えられたものを享受することによって、戦後日本の高度経済成長を謳歌《おうか》してきたんだと思うよ。

でも、これからの日本経済は、そういう考えでは生き残っていくことができない。他から与えられるものを待っているのではなく、自分で考え、摑み取る。

日本は本来、自由主義、資本主義の国なんだから、もっと自分を前面に出していい。そして、そのためには、「自分はいったい何者で、何ができるんだ?」ということを、自分自身に問いかけてみる。そうすることから、新しい日本経済がスタートしていくんだ。

第4章　大量生産・大量消費経済の終焉

どうだろう。年金も退職金も満額支給、すでに老後の備えも終わって、楽しい第二の人生がスタート、と思っている「逃げ切り世代」が没落する。

一方、年金をもらえない、退職金も期待できない、ないないづくしの「逃げ切れない世代」が、どの世代よりも早く生存適応し始める。実におもしろい逆転現象だよね。

こんな感じで、推論を飛ばしていくうちに、思いもよらなかった流れが生まれてくるのが、フローチャートを作り込んでいく際の醍醐《だいご》味《み》でもあるんだ。

じゃあ、フローチャートのおもしろさがちょっとだけわかりかけてきただろうから、さっそく次のテーマを考えてみようか。

どうする？　もっと身近なところで、何かひとつテーマを挙げてみようよ。

ほらほら、そんなに真剣な顔をして考え込まない。テーマなんて何でもいいんだよ。ふとした思いつきで挙げたテーマが、実は意外なほど大きな展開を見せることだってあるんだから……。

えーっと、それじゃあね、「リサイクル」なんてどうだろう。この間、テレビで見たんだけど、ブランドもののバッグや時計なんかの中古品を扱っているお店が大人気なんだって。若い社長が経営しているんだけど、ゆくゆくはヨーロッパやアジアにも店舗展開したいって夢を語っていたよ。おそらく、よいものを長く使うという文化や考え方が、これからの日本にも、少しずつ根づいていくんじゃないかな。

リサイクルとかけて何と解く？

まずは何でもいい。とにかく、「リサイクル」という言葉から思いつくことを、どんどん挙げてみよう。

ゴミの分別？　そうね。資源ゴミ、不燃ゴミ、可燃ゴミというように分けて捨てる。資源ゴミは、たとえば缶類やビン類、あるいはペットボトルなどのように分別して、それぞれ個別に再利用法を考える。または、一度溶かして、それを別なものに作り変えるなんてことができるよね。

不燃ゴミはそのまま埋め立てということになるし、可燃ゴミは燃やしておしまいということなんだけど、昔みたいに、何でもかんでも、ゴミであれば一緒くたに燃やしてしまう、あるいは埋め立ててしまうという考えは、もう通用しなくなってきているんだ。

ゴミのなかには、当然、有害物質を含むものがあって、それを燃やしてしまうと、ダイオキシン問題などに発展してしまう。あるいは埋め立てるにしても、最終処分場で処理することのできる残余年数は、このままのペースでゴミの廃棄が進むと、わずかに12年程度とまで言われている。

だからこそ、何でもかんでもゴミとして燃やしたり、埋め立て地に廃棄するのではなく、使えるものは再利用する。燃やしても公害につながらないものは燃やす。そして燃やすことも、再利用することもできないものだけを埋め立て地に廃棄する。このように分ける必要が生じてきたんだよ。

もちろん、ゴミの焼却施設にしても、きちんと燃えるものだけを燃やしていけば、設備の延命化にもつながる。それだけ、自治体もコストを最小限に抑えることができる、というメリットも考えられるよね。

他に、リサイクルとかけて、何かないかな? そう、廃物利用。さっき、資源ゴミとしてペットボトルの再利用を挙げたけど、たとえばペットボトル再生衣料なんてものがある。話によると、25本の2リットル入りペットボトルから、フリースが1着作れるとか。これによって、原油の節約や、有毒ガス排出を抑えることができる。

このほかにも、廃棄処分にされるプラスチックを溶かして公園のベンチにしたり、リサイクル自転車といって、捨てられている自転車を修理して、安い価格で販売しているところもあるよね。

他にはどう? ほら、ペットボトル再生衣料やゴミ分別なんてのは最近の動きだけど、もっと昔からあるリサイクルといえば?

そう、中古マーケットだよ。これはもう、挙げていけばキリがないくらい。それこそいろいろなものが、中古市場に出回っているよね。

で、ここからが本題。このように、リサイクルが注目されている背景には、いったい、何があるのだろう。何の問題もないのに、リサイクルが注目されるなんてことはないよね。どこかに社会的な問題があるからこそ、リサイクルが注目されている。その問題点とは、な〜んだ？

日本経済発展の代償が大量廃棄問題

戦後六十余年。ずいぶんと日本経済は豊かになったけれど、それは拡大再生産というシステムが有効に機能していたからなんだ。

戦後の高度経済成長期を考えてごらん。モノを作る。作ったモノがどんどん売れる。そうすれば企業は儲《もう》かる。儲かるから、従業員にたくさんの給料を払うことができる。多くのお金を手にした人々は、さらに消費を加速させる。だから、今まで以上に企業は、たくさんのモノを作る。こうして、日本経済は拡大発展を遂げてきたんだ。

ちょっと言い方を換えると、大量生産・大量消費経済のなかで、日本は発展してきたともいえる。で、それが、公害問題や環境破壊、ゴミ問題などにつながっているわけだ。

つまり、戦後六十余年を経過した日本経済に蓄積された問題点は、大量生産・大量消費経済にともなう、大量廃棄問題であると考えることができるだろうね。

戦後の長きにわたって蓄積された大量廃棄問題は、僕たちの生活にどのような影響を及ぼすのだろう？

ちょっと難しい言い方になるけれど、要は高コスト社会。つまり、生活していくうえでかかるコストが、どんどん割高になっていくんだ。確かに生活は、経済的に豊かになったかもしれないけど、一方でコストも上がっていく。結局のところ、それほど豊かになっていないという皮肉な現象が起こっているんだね。

どんなコストがかかっているのか、もっと具体的に考えてみようか。

ここで言うコストは、2つの種類に分けることができる。ひとつは目に見える形で現れる経済的コスト。もうひとつは目に見えないけれども、徐々に社会を蝕《むしば》んでいく環境への負荷。この2つについて、もっと、とことんまで突き詰めて考えてみよう。具体的に、どんなコストが考えられる?

ちょっと難しいかな? それじゃあ、こう考えてみて。社会を構成している集団は、まず最小単位の「家庭」があるよね。そして、生活の糧《かて》を得るための「企業」という集団がある。最後に、企業や家庭をひっくるめた「自治体」だ。それぞれについて、どのような経済的コストを負っているだろうか。

いろいろあるよね。たとえば企業なら、産業廃棄物を処理するための諸々《もろもろ》のコストがかかるし、こういったコスト増加要因は、企業業績にとってマイナスになる。しかも、土壌汚染などで訴訟を起こされれば、その費用もコストとして上乗せされる。

自治体であれば、ゴミ処理施設の増強、不法投棄産廃の処理などに莫大《ばくだい》なコストがかかって、それが結果的には地方財政の圧迫につながるだろうね。ただでさえ、地方財政は厳しいと言われているんだから、このうえ、さらにコストを負わなければならないのは、大変なことだよ。

家庭が負っているコストも馬鹿にならない。家電リサイクル法の施行によって、大型家電を引き取ってもらうための費用や、粗大ゴミを捨てるにも費用が発生している。モノを買う時だけでなく、捨てる時もお金を取られる時代なんだ。

そして環境への負荷。公害に環境破壊、それらが深刻になれば、人命にかかわる問題に発展する。ちょっと古い話になるけど、水俣病や四日市ぜんそく、いずれも人命にかかわる健康問題だよね。

六十余年にわたる日本の経済発展も、これだけのコスト負担をわれわれに強いていることを、改めて認識したほうがいいと思うよ。もう、大量生産・大量消費・大量廃棄という、戦後日本の成長を支えた図式は、世界的に見ても通用しなくなってきているんじゃないかな。

ニュー江戸モデルがソリューションに

大量生産・大量消費・大量廃棄という図式を維持していっても、コストばかりがどんどんかさんで、生活はいっこうに豊かにならないし、環境破壊によって人命までもが脅《おびや》かさ

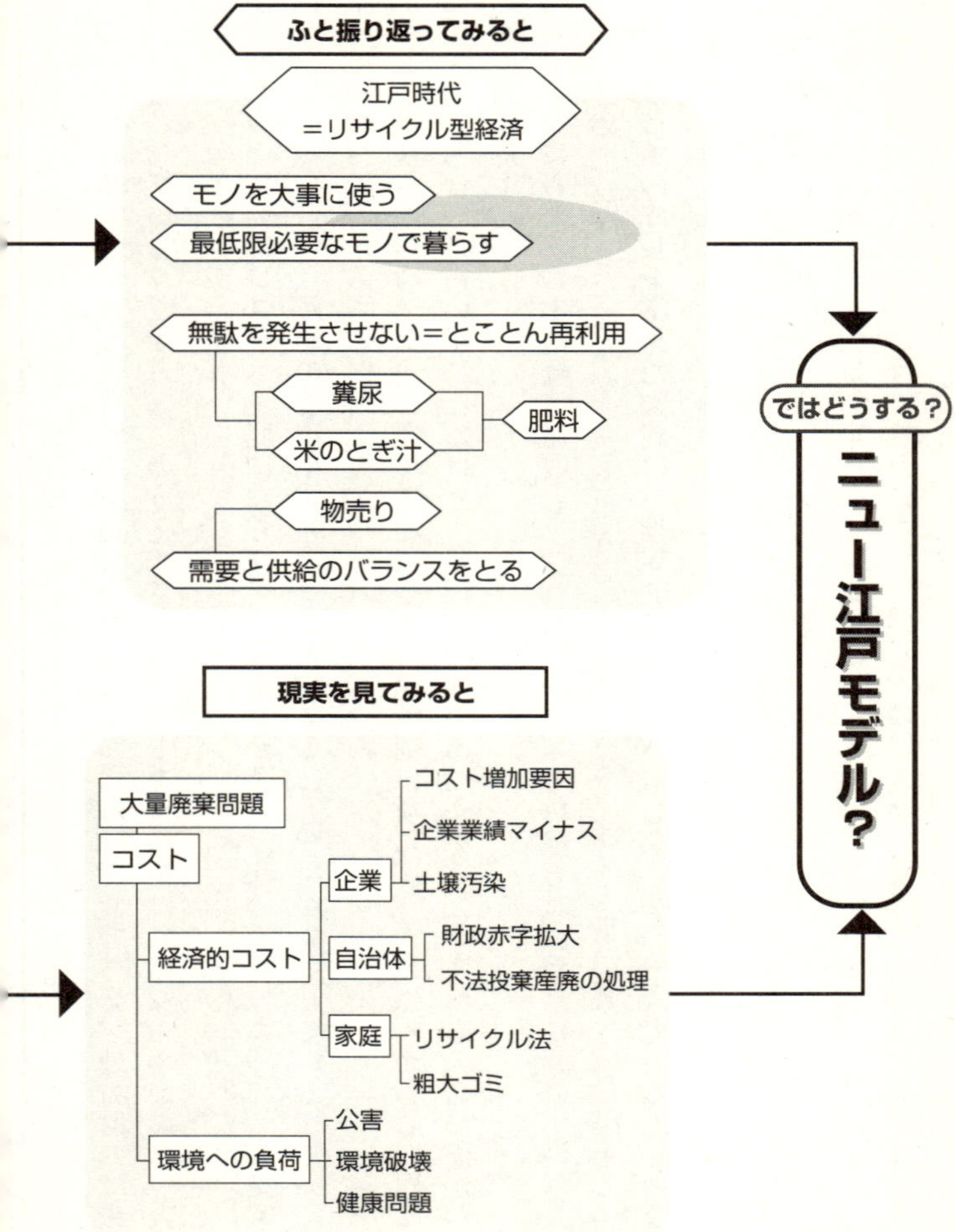
ふと振り返ってみると
江戸時代
＝リサイクル型経済
モノを大事に使う
最低限必要なモノで暮らす
無駄を発生させない＝とことん再利用
糞尿
米のとぎ汁
肥料
物売り
需要と供給のバランスをとる
現実を見てみると
大量廃棄問題
コスト
経済的コスト
企業
コスト増加要因
企業業績マイナス
土壌汚染
自治体
財政赤字拡大
不法投棄産廃の処理
家庭
リサイクル法
粗大ゴミ
環境への負荷
公害
環境破壊
健康問題
ではどうする？
ニュー江戸モデル？

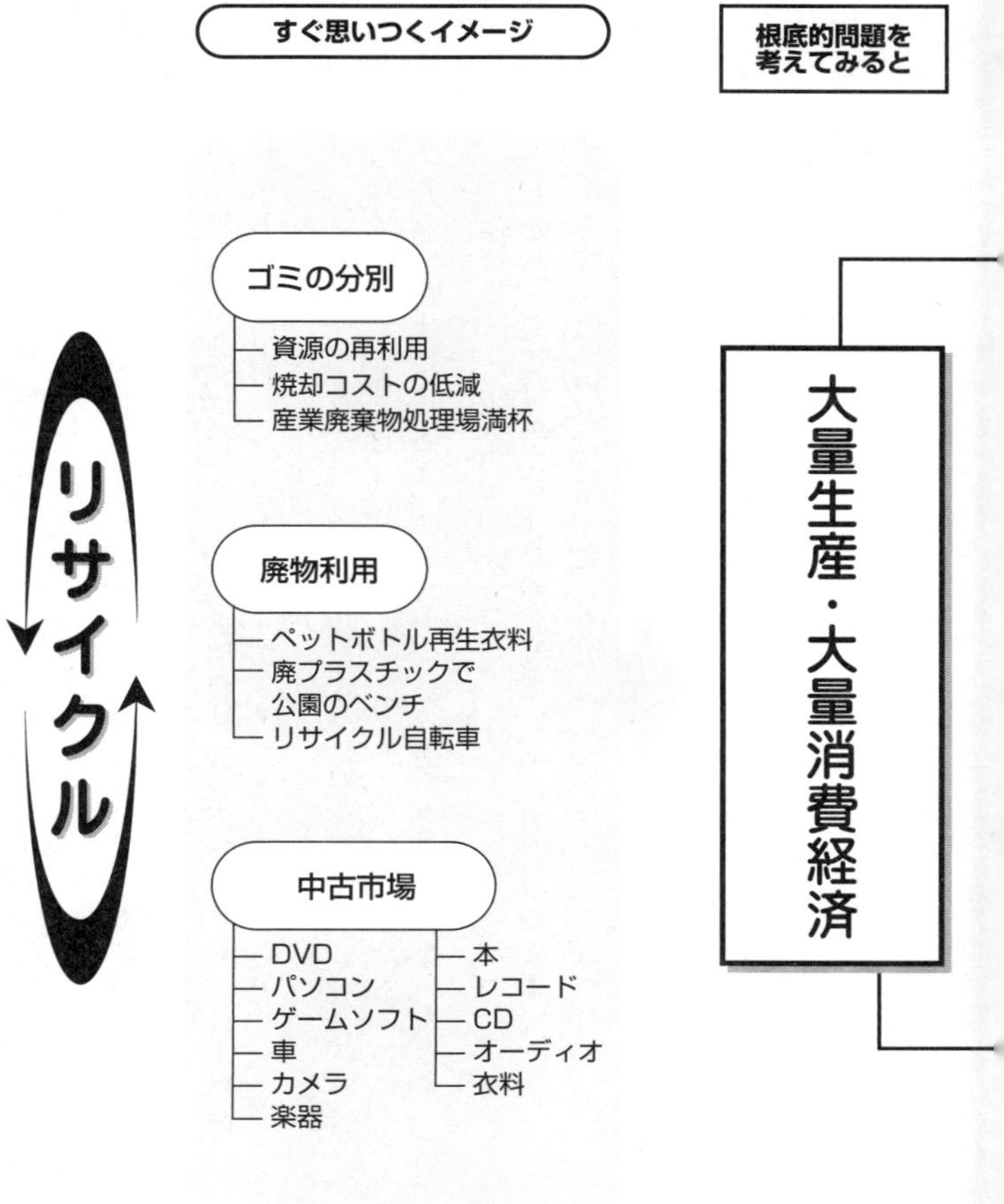
すぐ思いつくイメージ
根底的問題を考えてみると
リサイクル
ゴミの分別
資源の再利用
焼却コストの低減
産業廃棄物処理場満杯
廃物利用
ペットボトル再生衣料
廃プラスチックで
公園のベンチ
リサイクル自転車
中古市場
DVD
パソコン
ゲームソフト
車
カメラ
楽器
本
レコード
CD
オーディオ
衣料
大量生産・大量消費経済

れる。誰だって、そんな社会に住みたいとは思わないよね。

えっ？　経済が縮小する心配がないかって？　大量生産・大量消費社会を否定したら、今までの経済拡大の歯車が逆転するんじゃないかってこと？

それは心配ご無用。実は、大量生産・大量消費社会を否定しても、日本経済は十分に再生・拡大するだけのポテンシャルを持っているんだよ。

でも、結論を出そうと急いではダメ。どんなソリューション（解決法）があるのかを考える前に、タイムマシンに乗ってみよう。

大量生産・大量消費社会なんて、ここ六十余年の出来事にすぎないんだよ。だから、時計の針をもっと前の時代に戻してみよう。たとえば、江戸時代なんてどうだろう。温故知新。ひょっとしたら、そこに何か解決策が隠れているかもしれないよ。

さあ、考えてみて。江戸時代って、どんな社会だった？

少なくとも、大量生産・大量消費とは無縁の生活を送っていたはずだよね。そう、モノを大事に使う生活だよ。

テレビの時代劇を見たことはあるよね。長屋住まいに置いてあるものといえば、着物を仕舞うタンスと火鉢や、食事をするちゃぶ台ぐらいだろうか。そう、生活するうえで「最低限必要なモノで暮らす」というライフスタイルが定着していたよね。万事において無駄がない。

と言うより、そもそも無駄を発生させない生活を送っていたはずだよ。たとえば、糞《ふん》尿《にょう》や米のとぎ汁を肥料に使う。とことん再利用するという考え方だね。これって、リサイクルの原点だと思わない？

また、モノの需要と供給のバランスをとるために大きな役割を担っていたのが、路上移動販売人とでも言う人たち。物売りだね。しかも量り売りをするから、人々は皆、自分たちが必要な分を買うだけですむ。今のように、安売りでたくさん買ったのはいいけれど、使い切れずに捨ててしまうなんて無駄はなかったんだ。

どうだろう。こうした江戸時代のライフスタイルをモデルにして、それを現代社会に応用することはできないだろうか。

つまり、「ニュー江戸モデル」とでも言うべきものが、大量生産・大量消費社会の次に来る、新しい日本経済のパラダイム（枠組み）を築くのではないかと思うんだけど……。

ニュー江戸モデルで日本経済は縮小する？

では、2枚目のフローチャートは、「ニュー江戸モデル」を起点にして、発想を飛ばしてみよう。

まず、ニュー江戸モデルのイメージを作ってみる。大量生産・大量消費社会のアンチテーゼとして何がある？　その反省、ということは？

グローバル・ブランド相次ぐ？

日本経済したたかに再生？

新しい日本経済像

新しい経済価値の台頭

- 押し込み論理を捨てる
- 生活者本位のビジネス展開
- 研究開発志向
- ていねいなモノづくり
- オリジナル商品
- 洗練された消費者に磨かれる

それぞれの対応

大企業
- 必死に対応
- 生産・販売体系の再構築

町工場
- 独自の技術
- 下請け・孫請けからの脱却

ブティック型小規模ビジネス
- ハーレーダビッドソンの文化

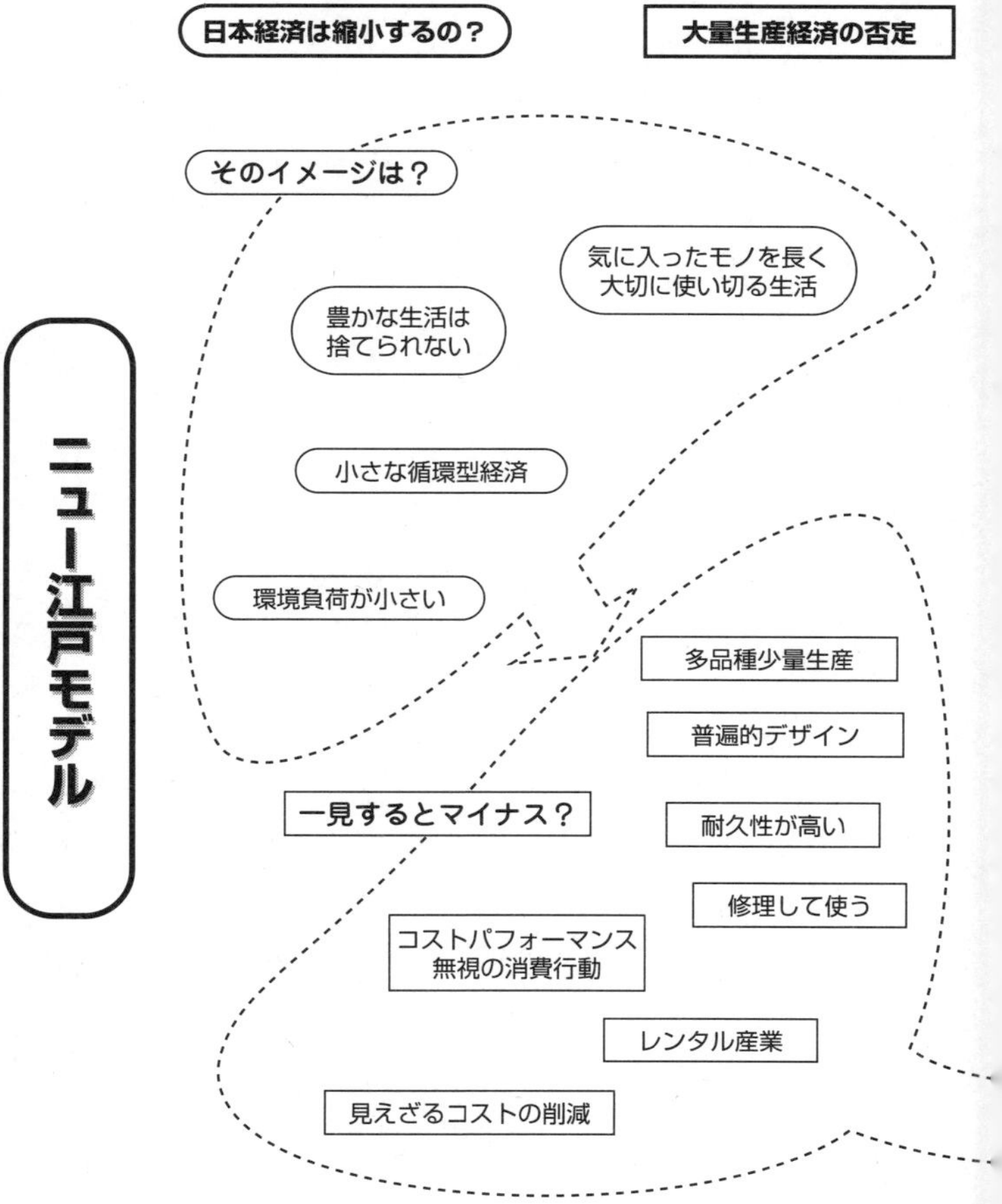
日本経済は縮小するの？
大量生産経済の否定
ニュー江戸モデル
そのイメージは？
気に入ったモノを長く大切に使い切る生活
豊かな生活は捨てられない
小さな循環型経済
環境負荷が小さい
一見するとマイナス？
多品種少量生産
普遍的デザイン
耐久性が高い
修理して使う
コストパフォーマンス無視の消費行動
レンタル産業
見えざるコストの削減

そう。モノを大事にする。本当に気に入ったモノ、いいモノを大切に、長く使い切る生活だね。

それじゃあ、「気に入ったモノを長く大切に使い切る生活」の下に、「小さな循環型経済」という言葉を置いてみようか。

あとは何がある？　やはり「環境負荷が小さい」ことだろうね。

まずはイメージだから、観念的な、抽象的な言葉を、ここに羅列しておく。

で、ニュー江戸モデルを考えるうえで大事なことは、「豊かな生活」が大前提ということなんだ。

人間って、一度手にした豊かな生活は捨てられないんだよ。ここまで経済が発展すると、それを捨てて、貧しい社会に戻ろうとは、誰も考えないだろうね。

そして次の段階。いよいよ具体的な項目を挙げてみよう。ここは何でもいい。とにかくたくさん挙げていくことが大事なんだ。

よーく考えてみて。豊かな社会、成熟社会では、人々のニーズも多様化していくから、そこで作られるものは、やはり多品種。しかも、大量生産へのアンチテーゼだから、少量生産。つまり、多品種少量生産型の製造態勢があたりまえになってくる。

えっ、モデルチェンジの周期はどうなるのかって？　いいところに気がついたね。たとえば自動車なんか、2年後にマイナーチェンジ、4年後にフルモデルチェンジなんていわれているけど、ニュー江戸モデルの社会では、そんなに頻繁《ひんぱん》にモデルチェンジは行われないはずだ。そう、長く使っても飽きのこないデザイン、つまり普遍的なデザインが主流になると思うよ。

もちろん、デザインが普遍的なだけではダメだよね。やはり、気に入ったモノを長く、大切に使うためには、耐久性が高いということも、大事な条件になってくる。といっても、モノには寿命があるから、いずれ壊れる。壊れたらどうする？　そのまま捨ててしまう？　でも、それじゃあ、今までの大量廃棄社会と、あまり変わらない。

「所有する文化」から「使用する文化」へ

そう。修理して使うという考え方が、広まってくるんだ。ニュー江戸モデルの社会では、この「修理して使う」ということが、大きなビジネスにつながってくる可能性があるので、注目しておいたほうがいい。

本当に技術力のある人たち、現代の職人ともいえるような人たちが、きちんとメンテナンスして、より長持ちさせていくというようにね。

そして、「小さな循環型経済」というイメージで考えれば、やはりレンタル産業。まあ、これは製品の耐久性が高く、かつ飽きのこないデザインが浸透して、そして修理しながら使い続けるという意識が高まって初めて、大きく成長する産業ともいえるかもしれない。家具に家電製品、オーディオ製品、自動車……。

今はビジネスユースのリースが中心だけど、いずれは個人を相手にした総合レンタル会社なんてのも出てくるだろう。

そうすると、これって結局、コストが安くなるんだよ。なぜかわかる？

今の時代、モノが壊れたら、すぐ廃棄処分にしてしまう。ところが、製品には、こういった処理コストも含めたうえで、値段がつけられている。また公害などで健康を害せば、病院代もかかる。

しかも、大量に販売するために広告をじゃんじゃん流せば、それだけ広告費がかさんで、結果的にモノの値段に反映されてしまう。こうしたコストは、なかなか目につかないので、あまり意識しないと思うけど、よく考えてみると、本当にさまざまなコスト負担を強いられていることがわかるよね。

ところが、耐久性が高く、修理して使える製品がどんどん増えていくことによって、こうした見えざるコストの削減につながるんだよ。

いずれは「所有する文化」から「使用する、あるいは利用する文化」へと、パラダイムが転換していくことも考えられるよね。そうなれば、個人は今よりも、もっとモノの所有から自由になれる。

住宅を買うにしても、自動車を買うにしても、今まではある程度、お金を貯めてから買っていたけれど、そういうことから解放されれば、もっと自由にお金を使えるようになるはずだ。

ここまでの流れを見て、何か気がつかないかい？　それは、ここに挙げられている項目が、すべて従来型の大量生産経済を否定しているということ。

でも、よくよく考えてみたら、だからこそ新しい付加価値も生まれてくるわけだ。見えないコスト負担からも、モノの所有からも自由になれる。それだけ、ゆとりが出てくると思わないかい？　つまり、大量生産経済を否定しても、意外なことに、生活実感として貧しくはならないいんだよ。

日本経済再生のソリューションとは？

一見、経済は縮小するかのように見えるんだけど、実は他が増える。これが、ニュー江戸モデルの大事なポイントだ。

どういうことかというと、旧来の大量生産・大量消費という価値観は、確かに縮小する。でも、それに取って代わる新しい日本経済の価値観が生まれてくるんだ。

では、どんな経済価値観が浮上してくるんだろう。大量生産・大量消費の否定のうえに、どのようなビジネス・ソリューションが生まれてくるのだろうか。

ここでヒント。大量生産・大量消費という旧来の価値観が崩壊したら、一番困るのは誰だと思う?

そう、企業だね。今までの日本企業は皆、大量生産・大量消費を前提にして成り立っている。それが通用しないとなったら、それこそ大変なことだよね。

でも、もうわかっていると思うけど、世の中は確実に変化を遂げてきている。環境問題や、社会で生活する人々の健康問題を無視して、今までと同じやり方で成長を目指す企業は、社会から必要とされなくなってしまう。だから、どの企業も生き残るためには、必死になって、新しい経済価値観に対応できるよう考えていく必要があるんだ。

たとえば、大企業、町工場、ブティック型小規模ビジネスに分けて、それぞれの企業規模に応じてどのような対応を迫られるのかを考えてみよう。

大企業にすれば、それこそ生産・販売体系を再構築しなければならない。これまでのような、性能がよくて安ければ消費者は必ず買ってくれるはず、といった押し込みの論理を捨て、生活者本位のビジネス展開を図るようになる。また、研究開発志向も鮮明になってくるだろうね。

町工場は、下請けや孫請けからの脱却と、独自の技術を身につけるということ。その結果、ていねいなモノづくりが行われ、独自の技術を生かしたオリジナル商品が生まれてくる。

何といっても、下請けや孫請けなんて、大量生産・大量消費を支えていた経済モデルの典型だから、将来、それが期待できないとなれば、やはり下請け体質から抜け出さなければならない。

そして、新たに浮上してくるのが、ブティック型小規模ビジネス。大企業や町工場が、新たな対応を迫られるなかで、この手のビジネスが浮上してくる。

ブティック型小規模ビジネスとは何かって？　う～ん。単なる町工場やベンチャー企業とは、またちょっと定義が違うんだよね。

たとえば、大量生産時代には、やはり多くのモノを一気に作ることのできる、高い生産能力を持った大企業が有利だよね。そして、その下請けや孫請けの町工場も、大企業からの注文を受けて潤っていた。

でも、ブティック型小規模ビジネスは、大量生産・大量消費時代の町工場とは違う。ニュー江戸モデルの社会では、多品種少量生産があたりまえになるから、それほどの生産能力は必要としない。たとえ少量のモノでも、本当にそれを求めてくれる消費者がいれば、それで十分、採算をとることができる。そんなビジネスのことだよ。

規模は小さくても熱狂的支持のある企業

アメリカン・バイクの代表に、ハーレーダビッドソンってあるでしょ。あの会社は、もともと大企業だったんだけど、日本のホンダやヤマハ、カワサキといったバイクメーカーが、安くて高性能のバイクをたくさん作って、世界的に販売したため、市場を奪われて、一時は倒産寸前まで追い込まれた。それが、今は見事なまでに復活している。どうしてかわかる？

まさに、ブティック型の企業を目指したからなんだ。価格や性能では、日本のバイクにかなわない。そこで、デザインの美しさや排気音、乗り心地などにこだわって、「ハーレーらしさ」を強調したというんだ。

しかも、バイクだけでなく、装飾部品やファッション関連商品も売れていて、それがまた、この会社の高収益を支えている。

ここまでくると、単なるバイクメーカーではなく、〝文化を売っている〟とも言えるね。

ハーレーダビッドソンの会長兼ＣＥＯのジェフリー・ブルースティン氏は、『週刊ダイヤモンド』（２００３年10月18日号）のインタビューでこう答えている。

「顧客は自分が親しみを持てる製品を好む。顧客の視点を大切にし、顧客が何を望んでいるかを確認しながら慎重に製品開発を行っている。見た目の変化が小さいので、10年前に発売されたバイクでも古くならない」

おそらく、ニュー江戸モデルの社会では、こういう考え方を持った企業が、新しい経済価値を生み出していくんじゃないかな。

ハーレーダビッドソンは、今も工場の生産ラインを自動化していない。要は手づくり。だから、大量生産はとても無理。ところが、利益率は世界のホンダを超えているんだから、驚いちゃうよね。

どうだろう。何となくブティック型小規模ビジネスのイメージが摑《つか》めたかな。たとえ規模は小さくても、熱狂的な信者に支えられている企業。そういう会社が、これからの日本にも増えていくと思うよ。

大量生産・大量消費経済が終焉《しゅうえん》を迎えて、新しい経済価値が台頭してくる。

そのなかで、ブティック型小規模ビジネスではないけれども、「企業が洗練された消費者によって磨かれる」図式が一般化してくる。その結果、世界に通用するグローバル・ブランドが、日本にも誕生してくるんだよ。

なるほどポイント②　産業革命以来の歴史的大転換の時代

「産業革命以来の大転換点」などと、言葉にするのは簡単なんだけど、でも、とりわけ先進諸国が今、大きな問題に直面しているのは事実だと思う。

それは何かというと、大量生産・大量消費という、現在の世界経済を築き上げた大きな流れが、さまざまな社会的歪《ゆが》みとともに、限界点に達しようとしていることなんだ。

歴史を振り返ってみると、中世には非常に小さなユニット（単位というか、ひと固まり）の経済があった。

いわゆる封建社会というものだけど、そういう時代が非常に長く、それこそ何百年も続いたんだ。で、次第に封建主義や重農主義、重商主義へと移行して、さらに産業革命を経て工業社会が誕生。この流れに乗って、どんどん生産能力、供給能力が拡大して、経済ユニットの規模が大きくなった。

ついで、新大陸発見から北米経済の目覚しい発展を経て、アジアの勃興《ぼっこう》、とりわけ日本が立ち上がってきて、世界のマーケットが大きく拡大していった。つまり、生産・供給能力の拡大、プラス世界市場全体の広がりという2つの流れに乗って、世界経済はここまで拡大発展してきたんだ。

このように、産業革命後の世界経済は、大量生産・大量消費を合い言葉にして、規模の拡大を徹底的に追求してきたわけだけれど、その結果として生じてきたのが大量廃棄。作る、増やす、拡大する、そしてまた作る、という連鎖を繰り返してきて、ある程度まで行き渡ったとたん、今度は限界が見えてきた。廃棄の問題が浮上し、環境破壊が深刻化してきた。

つまり、産業革命以来の典型的な経済モデルは、もう限界まで達してしまったんだ。

ローマクラブが問いかけた問題

ちょっとおもしろいのは、1970年にローマクラブという集まりがあって、当時の世界人口は36億人だったんだけど、このまま人口が増加し続けると、いろいろな意味で限界に達してしまう。そのため、経済をゼロ成長にしようという宣言が行われた。

ところが、現在の世界人口は64億人。人口は相変わらず増え続けて、世界経済はゼロ成長どころか、どんどん成長へと向かって加速しているよね。

1970年の段階でも、大量生産・大量消費社会はもういっぱいいっぱいだという認識はあったものの、結局、流れは経済成長と人口増加。

「ローマクラブは何だったんだ」と言われてはいるけれども、そこで問いかけられた問題は今も続いていて、しかも、どんどん事態が深刻になってきた。

だから、歴史の大転換点とは言われているけど、それは昨日、今日の話じゃなくて、もしかしたら今後50年以上も続くかもしれない。で、100年くらい経ってから、「ああ、あのへんから変わってきたんだな」と、世界中の人たちが認識する、そういう類《たぐい》のものなんだね。

もっとも、50年後、100年後の世界がどうなるかは、今の時点ではよくわからないから、フローチャートを用いて、「推」と「論」でこれからの世界がどこに向かうのかを考える意義はあると思うんだ。

いったい、何が起ころうとしているのか。僕自身はおそらく、これからは「使い分けの時代」が来るんじゃないかと思っている。

どういうことかというと、たとえば今は、猫も杓子《しゃくし》も「グローバル化」を唱えているけれども、すべてにグローバル化を適用するのは、やはり無理なんじゃないか。

だとすれば、グローバル化で規模と効率を追求できるところはグローバル化し、そうじゃないものについては、ローカル化を進める。

経済活動にしても、文化芸術活動にしても、グローバル化とローカル化が併存できるような社会を築いていくことが、大事なんじゃないかな。

バーター、つまり経済の原点ともいうべき物々交換で、小さな単位で行う経済があってもいい。エコマネーや地域通貨なんて、その流れだね。それを、われわれ一人ひとりが使い分けることが大事であって、そんな時代が近づいているんじゃないかな。

「使い分け」が大事になってくる

もし、このような使い分けができれば、いろいろなことが簡単になる。

たとえば「国際分散投資が大事」なんて言われるけど、別にそんな考えに踊らされる必要はどこにもない。

僕たちが日本で生きて、日本で死んでいく限りにおいては、円での支払い能力さえ高めておけば、何も困らない。日本の国家財政が破綻《はたん》しようが、大インフレになろうが、社会保障費が上がろうが、それ以上の円による支払い能力があれば、問題はないんだ。

そう考えた時、それじゃあ、グローバル経済って何なの？　為替って何なの？　と考えていくと、結局は何も関係ないということになる。

自分が生きて、死んでいく過程において、円での支払い能力を高めるような運用ができれば、それで完結するってこと。

あるいは、野菜にしてもそう。たとえばたくさん、できるだけ安く買いたいと思ったら、中国産の野菜を輸入しているスーパーマーケットで買えばいいし、露地ものや、生産地指定のものを食べたいと思えば、そういうものを自分で取り寄せて食べればいい。確かに、値段は高くつくかもしれないけど、どちらを選ぶかは、結局のところ「使い分け」だよね。

企業でも、グローバル化を目指すのであれば、中国に出ていって、その次はインドへと進出する。世界の発展のなかで、目いっぱい、その利益を取りにいこうとすれば、当然、為替やら、世界の景気サイクルのズレなどを考慮して、行動しなければならない。

でも、地域のなかで活動する年商1億円、あるいは2億円程度の小さな会社なら、世界経済とは何の関係もなくていいわけ。その会社のよさは、1億円や2億円の年商に見合うお客さんだけに知られていればいい。

むしろそのお客さんと密接に信頼関係を築いていけば、そこでひとつの自己完結ができる。

だから、そういう「使い分け」がこれからの社会にとって、大事になってくる。

それとともに、自分を確立しないと、この使い分けができないってことも忘れてはいけない。

「自分は何なの」とか「自分には何が必要なの」、「自分は何をして生きていくの」、「自分はどんな価値観をもって、どの程度の人生を期待しているのか」ということを考えていくことによって、おのずと自分の使い分けができてくるんだ。

第5章　成熟経済への移行

1 コンビニエンスストア

みんな、リサイクルが主流になったら日本経済は縮小へと向かう、なんて思っていたんじゃないかな。

確かに、大量生産・大量消費、そして大量廃棄という経済構造に慣れてしまった僕たちにとって、ひとつのモノを大事に、長く使うという考え方は、なかなか相容れないというか、経済を縮小させる元凶くらいにしか思えないかもしれない。

でも、フローチャートを用いて「推論」を飛ばしていくと、決してそんなことはないという点に、気づいたんじゃないかな。なぜだかわかる？

答えは簡単。それは、日本経済が成熟段階に入っているからなんだ。

日本のＧＤＰ（国内総生産）は、年間で５００兆円を超えている。ＧＤＰというのは、日本国内で作り出されるモノやサービスの額を合計したものなんだけど、５００兆円という金額は、世界の超大国、米国に次ぐ世界第2位。数字を比較するとわかるんだけど、これは第3位以下のドイツやフランス、イギリスなどに比べても、はるかに大きい。

それだけの富を毎年作り出している国が、そう簡単にダメになるなんて思えない。確かに今は不景気のように思えるかもしれないけれど、それは、５００兆円というぶ厚い富がベースにあって、それに対する毎年の上乗せ分がほんのちょっと減っているだけにすぎないんだ。つまり、日本は欧米諸国と並ぶ、れっきとした成熟国なんだよ。

ところで、成熟国においては、個々人の消費のあり方、それによる製品・サービスの供給者側の考え方に、成熟過程に至る前、つまり経済の発展成長過程とは明らかに異なる考えがみえてくる。

ということで、この章では、個人の消費にとって最も近い存在であるコンビニエンスストア、そして、女性消費者層に一番関心の高いブランドを例に挙げて、フローチャートを作成してみよう。

「コンビニ」の第一印象といえば

じゃあね、まずはコンビニエンスストアという言葉から連想するものを、思いつくままに、どんどん挙げていってみようか。

フローチャートを作るうえでは、とにかく素《す》の状態で、頭に浮かんだことを、ポーン、ポーンと書き込んでいくんだ。ひょっとすると、そこに次の展開につながる重要な言葉があるかもしれないからね。

さ、挙げてみて。とりあえず「コンビニエンスストア」といえば……。

そう。やっぱり「いつでも開いている」だよね。それから……?

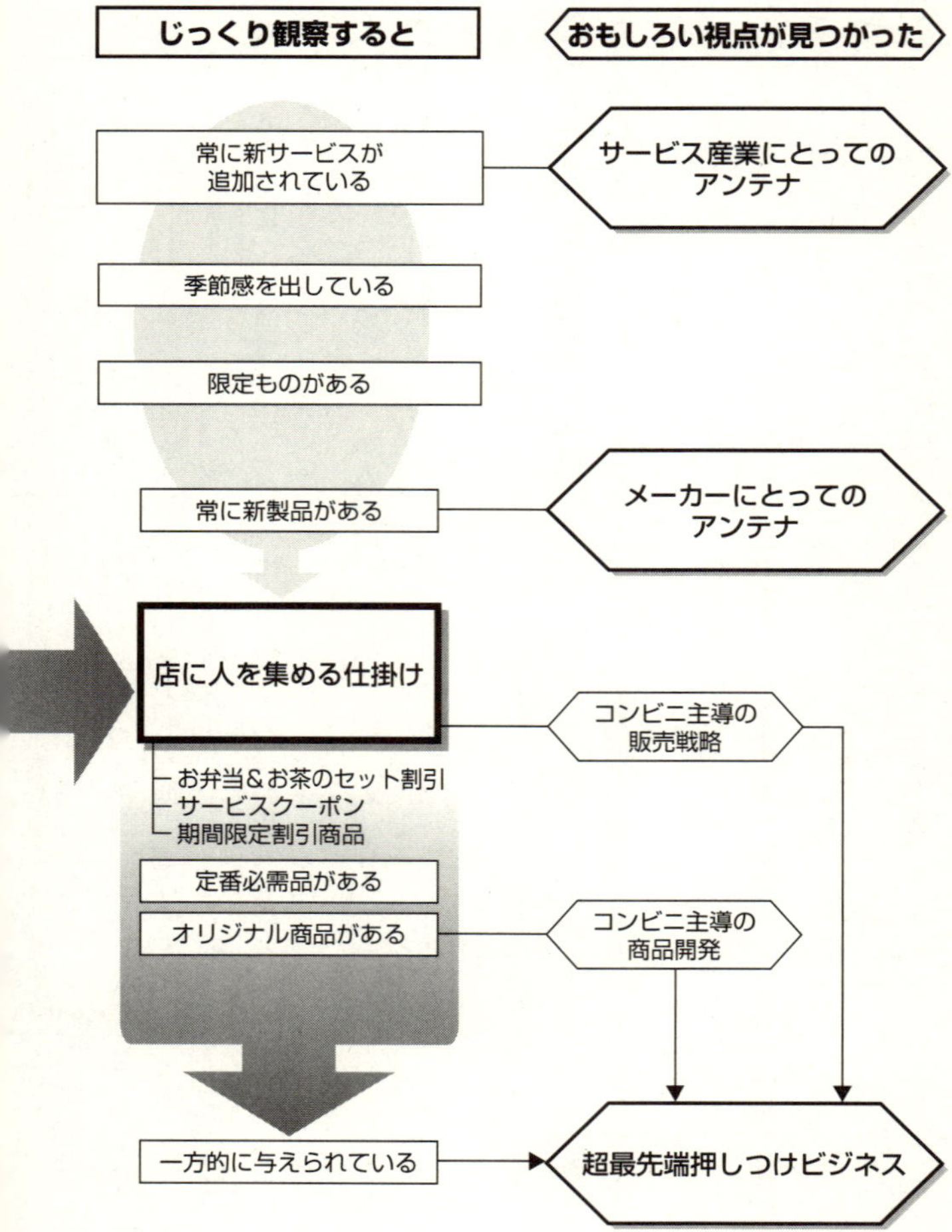

じっくり観察すると
おもしろい視点が見つかった
常に新サービスが追加されている
サービス産業にとってのアンテナ
季節感を出している
限定ものがある
常に新製品がある
メーカーにとってのアンテナ
店に人を集める仕掛け
コンビニ主導の販売戦略
お弁当＆お茶のセット割引
サービスクーポン
期間限定割引商品
定番必需品がある
オリジナル商品がある
コンビニ主導の商品開発
一方的に与えられている
超最先端押しつけビジネス

Illust: Yoshifumi Hasegawa
Design: Suzuki Seiichi Design Office

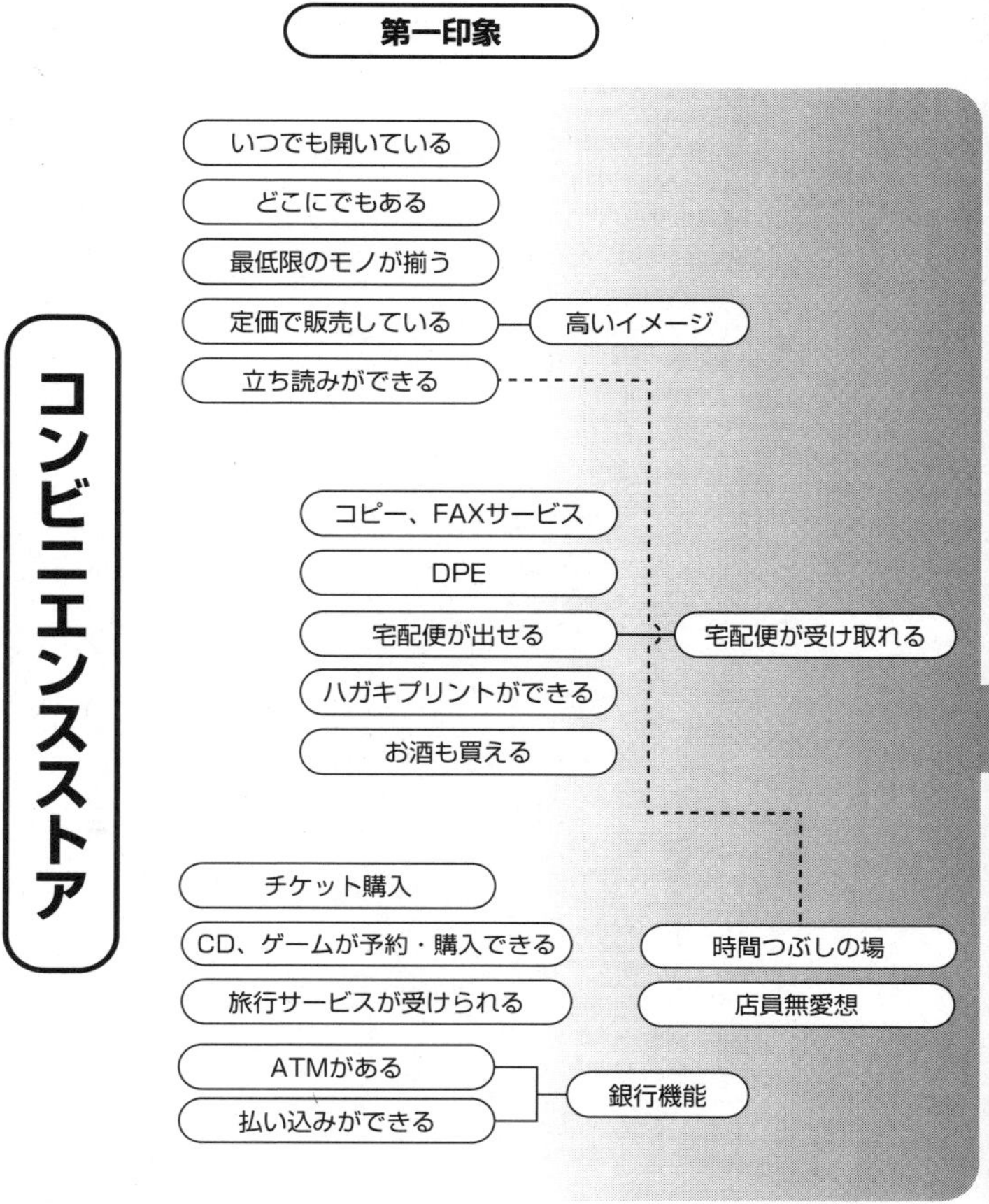
第一印象
コンビニエンスストア
いつでも開いている
どこにでもある
最低限のモノが揃う
定価で販売している
高いイメージ
立ち読みができる
コピー、FAXサービス
DPE
宅配便が出せる
宅配便が受け取れる
ハガキプリントができる
お酒も買える
チケット購入
CD、ゲームが予約・購入できる
旅行サービスが受けられる
ATMがある
払い込みができる
銀行機能
時間つぶしの場
店員無愛想

「どこにでもある」。そうそう。「最低限のモノが揃う」。そうだね。生活するうえで必要な最低限のモノは必ず揃う。でも、そこで売られているモノの値段はどうだろう？

「定価で販売している」。そのとおり。やっぱり値段的には高いイメージがあるよね。

それから？「立ち読みができる」。漫画や雑誌など、たくさん揃えられているから、塾帰りの小中学生が、コンビニエンスストアでちょっと一息、なんて風景も、最近では珍しくなくなっている。

これだけかい？確かに、何でも揃う、いつでも開いている、どこにでもある、というのは、コンビニエンスストアの大きな特徴だけど、別な視点からも考えてみたらどうだろう。たとえば、単にモノを売る場としてのコンビニエンスストアではなくて、最近ではいろいろなサービスも登場してきているよね。

たとえば……。そう、「コピー、ＦＡＸサービス」、あるよねぇ。あるいは、「ＤＰＥ」のサービスや「宅配便が出せる」。コンビニエンスストアは、どこにでもあるし、年中無休で開いているところが多いから、思いたった時に写真の現像を頼むことができたり、宅配便を頼むことができれば、それは便利なことだね。さらに、年賀状など「ハガキのプリントができる」だけでなく、多くのコンビニエンスストアでは酒屋の役割も果たしていて、「お酒も買える」ところも増えている。

もっと言うと、最近のコンビニエンスストアは、もう一歩、サービスの内容が進化しているようだよ。もっと別な角度から考えてみよう。コンビニエンスストアはモノを売るところ、サービスを提供するところではあるんだけれども、このコンビニエンスストアという場を利用して、より新しいサービスの提供が行われ始めている。

たとえば「チケット購入」に「旅行サービス」、「CDやゲームソフトの購入」、さらには「銀行ATMの設置」などが加わってきた。

これらは元々、チケット屋さんや旅行代理店、レコード屋さん、銀行が担っていたサービスだけど、それらのサービスをコンビニエンスストアが代行するというものだよね。どこにでもある、いつでも開いているという特性を活かして、その結果、たとえば銀行なら、24時間バンキングも可能になったんだ。

まあ、これだけの機能がコンビニエンスストアに加わると、これはもう、昔のお店のように、単にモノを売る場所という範囲を超えてしまっている。何というか、社会のインフラのようになってきている。

モノを買う、買わないに関係なく、その場にいるだけで楽しい。ということは、つまり……？

そう！　コンビニエンスストアは「時間つぶしの場」でもあるということ。実際に、コンビニエンスストアに来ているお客さんを見てごらん。たとえば漫画の立ち読みだけをして、何も買わずに出ていく人もいる。特に目的も持たず、時間つぶしの感覚でぶらっと入れるお店というのは、おそらくコンビニエンスストアが世の中に広まるまでは、なかったと思うよ。

ま、ただし「店員が無愛想」というケースが目につくというのは、商売をしている以上、ちょっと考えものだけどね……。

超最先端押しつけビジネス

ところで、コンビニエンスストアの店舗を観察していると、あることに気づくんじゃないかな？

何だと思う？　さあ、考えてみて。

そう、まずは常に新しいサービスが増えていっていること。最初のところでも触れたんだけど、コピーやFAXサービスが登場したと思ったら、いつの間にか宅配便を扱うようになり、映画やコンサートのチケットも予約できるようになったね。おそらくこれからも、コンビニエンスストアは単なるモノ売りの場なんかじゃなくて、宅配便やチケット会社、あるいは金融機関などにとって「第二の支店」という形で、サービスがどんどん拡大されていくと思うよ。

また、商品棚を観察していると、もっといろんなことに気がつくんじゃないかな？

そう。季節の変わり目ごとに、たとえば秋季限定、冬季限定といった商品が並べられていて、季節感を打ち出している。あるいは、地域限定の商品を扱っていたり、常に話題の新製品が並べられていたりもする。

ここでちょっとだけ発想を変えてみようか。つまり、コンビニエンスストアの側ではなく、そこを利用して、サービスやモノを提供しているメーカー側から見ると、こんなことが言えるんじゃないかな。

それは「サービス産業にとってのアンテナ」、あるいは「メーカーにとってのアンテナ」としてのコンビニエンスストアだよ。つまり、サービス産業やメーカーにとっては、コンビニエンスストアでの顧客の購買行動を分析することによって、次の売れ筋商品を考えるというマーケティング拠点になっているんだ。

もちろん、コンビニエンスストア自身もそのことは理解しているし、さまざまな商品、サービスを並べておくことが、最終的に、お店に人を集める仕掛けになっている面もある。だからこそ、コンビニエンスストア自身も、お店に人を集めるために、いろいろな戦略を打ち出している。

たとえば、少しでも多くの人を呼び寄せるために、「お弁当とお茶のセット割引」とか、「サービスクーポン券をつける」、あるいは「期間限定割引商品」を並べるといった、コンビニ主導の販売戦略を打ち出している一方、やはりコンビニエンスストア主導で、オリジナル商品を開発する、あるいは定番必需品は必ず陳列するといったように、商品開発戦略を打ち出しているよね。

で、ここからがミソなんだけど、販売戦略にしろ商品開発にしろ、いずれもコンビニエンスストアが主導で行い、それを一方的に消費者に与えているというのが現状なんだ。つつまり、現在のコンビニエンスストアは、「超最先端押しつけビジネス」ということもできるんだよ。

コンビニ客の行動様式を分析してみよう

僕は昔、ダイエー碑文谷《ひもんや》店のなかで、それこそ一日3時間も4時間もかけて、そこに来るお客さんの行動パターンを、細かくチェックしたことがあるんだ。なぜだかわかるかい?

えっ、店先に来る素敵な女性をチェックしていたって? 違う、違う。これもすべて投資のため。お店に来るお客さんが何を手に取って、実際にレジに持っていくのかを観察するんだ。それも、月1回のペースで。これを定点観測というけれど、こういった作業を繰り返し行うことで、今、どんな商品が売れ筋なのかがわかるでしょ。それは、実際に自分の目で確かめた、本当に有益な投資情報になるのさ。

コンビニエンスストアだって同じこと。何が本当の売れ筋商品なのかを知るためには、コンビニエンスストアの店内で、来店するお客さんの行動を見ていれば、徐々にわかってくるはずだよ。

でも、コンビニ・ウォッチングの効用は、それだけじゃあない。実は「成熟経済における消費者の行動パターン」なんて、ちょっと深遠なテーマを考えるいいきっかけにもなるのさ。

言っている意味がわからないって？　それじゃあ、コンビニエンスストアに来るお客さんの行動パターンがどういうものか、思いつくままに列挙してみよう。そこに、何か大事なヒントが隠されているかもしれないからね。

はい、どんどん挙げてみて。なになに、気楽に行ける？　そうだね。特に大都市圏なんかになると、もう住んでいるところのちょっと先にコンビニエンスストアがあって、ご近所感覚で利用できるよね。で、それから？

一日に何度も足を運ぶ。そうそう。この間、ある若い人と話す機会があったんだけど、その人は一日に7回も、コンビニエンスストアに行くと言ってたよ。でも、よくよく話を聞いてみると、特に何か買いたいモノがある、今、どうしても必要なモノがあるから、お店に入るというわけでもないみたい。

ここからがちょっと面白いところだから、よーく考えてごらん。

買いたいモノがないのに、買い物をする場所に出かけるというのも変な話なんだけど、でも、そこに行けば、何か新しい情報を得られるかもしれない。そんな期待感から、一日のうちに7回も、お店に足を運んでいるようなんだ。

だからこそ、並べられている商品の値段が高いことは承知のうえで、それでも出かけてしまう。コンビニエンスストアで売られている商品は、その多くが定価で販売されているけれど、それでも、出かけるお客さんが大勢いる。つまり、コンビニエンスストアを訪れるお客さんは、値段が高かったとしても、それをあまり気にせずに、買っているんだ。おそらくそれは、量をたくさん買うんじゃなくて、必要最低限の数量しか買わないからなんだろうね。

で、こうしたお客さんの購買行動を、財布の中身と対比させてみようか。

すると、次のようなことが言えると思うんだ。それは、「お金はそこそこ持っている」、でも「お金をあまり使わない」、で、「買っても買わなくてもいい」。

そもそもお金のない人ならば、コンビニエンスストアのように定価販売をしているようなところではなくて、たとえばスーパーマーケットのように、大幅な値引きをしているところから、まとめて買おうとするでしょ。だから、そこそこのお金は持っているはず。

でも、そこでたくさんのお金を使おうとはしない。何しろ、買い物だけを目的に行くわけじゃないんだから。要は「買ってもいいし、買わなくてもいい」と思っているはずなんだ。そして、この「無目的に訪れるお客さんがいる」というところが、大事なポイントなんだと思うよ。

えっ？　コンビニの客の行動パターンがもうひとつあるって？　なになに、「店員と会話しない」？

いいところに気がついたね。そうなんだ。店内をじっくり観察していると、お客さんと店員さんとの間に会話がないことがわかると思うよ。まあ、なかには話し好きな店員さんもいるのかもしれないけど、大概はお客さんが買いたいモノをレジに差し出して、それを店員さんが黙々とレジ打ちする。この間のプロセスは実に機械的で、人と人の対話、やり取りみたいなものは、ほとんど介在していないと感じられるケースが多いよね。

さて、こうしたコンビニエンスストアを訪れるお客さんの行動パターンは、今まで超最先端押しつけビジネスと思われてきたコンビニエンスストアを、大きく変える可能性を秘めているんだ。それは何かというと……。

「消費者のわがまま革命」

さっき、コンビニエンスストアが、メーカーやサービス産業にとってのアンテナになるって話をしたよね。それはなぜでしょう？

ちょっと戻って、もう一度、コンビニエンスストアを訪れるお客さんの行動パターンを思い出してごらん。

そう。無目的でお店を訪れるお客さんが多いよね。まあ、やはりメーカーやサービス産業としては、無目的で訪れるお客さんに、何とかモノを買ってもらおう、あるいはサービスを利用してもらおうと、常に考えているはずなんだ。だからこそ、コンビニエンスストアは、サービス産業やメーカーにとってのアンテナであり、そこを通じて、ある種のマーケティングを行っているわけだ。

言い方を換えると、コンビニエンスストアは消費者とメーカーの接点であり、新しい需要の創出にもつながっていく。何しろ、人気のない商品はすぐに商品棚から消える。なぜかというと、コンビニエンスストアはそもそも店舗の規模が小さいので、売れ筋の商品をきちんと把握し、それを商品棚に並べておく必要があるからなんだ。だって、売れない商品ばかり並べておいたら、コンビニエンスストア自体の利益も上がらなくなっちゃうからね。売り場面積が小さいだけに、効率を重視しなければならない。

だからこそ、コンビニエンスストアは、メーカーやサービス産業にとって、商品の売れ筋を把握するためのアンテナになるんだよ。しかも、相手にしているのが、「別に買っても買わなくてもいいんだよ」という考えの、いわばわがままな消費者。

当然、コンビニエンスストア本部の商品・販売戦略は通用しにくくなるし、メーカーやサービス産業の押しつけも通用しなくなる。

だからこそ、その「わがままな消費者が、どういうニーズを持っているのか」という点に関心が高まっていくんだ。

これって、ちょっと大袈裟《おおげさ》かもしれないけど、「消費者のわがまま革命」って感じがしない？ コンビニエンスストアが今のように発展する前、流通の中心といえばスーパーマーケットであり、量販店、あるいは郊外店だったよね。そこは、まさに大量に仕入れて、その分、販売価格を割安に設定して、品揃えの豊富さと価格の安さを、最大の武器にしていた。

でも、それは消費者にとって、一方的に選択肢を押しつけられているにすぎない。言うなれば、途上経済型の需要だと思うんだ。

それが、コンビニエンスストアの場合、品揃えにしても何にしても、まず第一に消費者ニーズが重視されている。

たとえば配送サービスや復刻商品なんかは、消費者、生活者が持ち込んだニーズを具体化したものだし、あくまでも消費者側が、買うか買わないかの意思表示を行い、それが商品の品揃えに反映されている。

もっと言えば、途上経済の段階では、とにかく安く大量に買うというのが普通の購買パターンだったけれど、コンビニエンスストアでは買っても少しだけ。つまり、少額多頻度購入であり、そのニーズに合わせるため、少量多品種の品揃えがなされている。

メーカーもコンビニエンスストアも、ちょっとした需要をかき集めることによって、より細かい消費者ニーズを、商品開発や販売戦略に活かしていく必要性が高まっているんじゃないかな。

消費者ニーズが重視され、それが商品開発や販売戦略に活かされる。しかも、多品種型の品揃えによって、きわめてきめ細かく消費者ニーズにも対応できる。これはまさに消費者のわがまま革命であり、成熟経済の需要形態になると思うんだけど、どうかな？

「対話のあるコンビニ」が登場する時

こうしたなかで、コンビニエンスストア自身さらに変化していく必要がある。さっき、コンビニ客の行動パターンを分析した時、「店員と会話しない」という話をしたけど、それでは、お客さんの細かいニーズを把握しきれず、取りこぼしが出る恐れもあるんだ。

確かに、お客さんの買うか買わないかの意思表示だけでも、十分なマーケティングは成り立っているのだけど、ここにもし「お客さんと対話するコンビニ」という発想を取り入れたら、どうなるかな？

今よりももっとお客さんのニーズを、適確に汲《く》み取ることができるようになるんじゃないかな？　お客さんの商品やサービスに対するニーズって、たぶん、買うか買わないかという二者択一だけですべてが解決できるほど、単純なものじゃないと思うよ。

実際に、あるモノを買わなかったとしても、それは単にその商品に興味がないだけなのか、それとも、もう少し値段が下がったら買いたいと思うのか、これだけでも大きな違いだよね。そういう微妙な消費者心理というのは、やはりお客さんとの直接的な対話がなければ、なかなか把握できないと思うんだ。

あるいは、ここには置いていないけど、本当ならこんな商品、あるいはサービスがあれば、もっと利用したいと考えるかもしれない。でも、それを探るために、次から次へと新商品、新サービスをコンビニエンスストアに導入するのは、やはり効率性という点からすれば、無駄が多いと言わざるを得ない。

でも、お客さんからの声が直接、届くようになれば、お客さんの高いニーズがあると思われる商品・サービスに焦点を絞って、店頭に置くことができるようになる。こうすれば、今よりもずっと効率的だよね。

もっと発想を飛ばすと、対話のあるコンビニエンスストアは、新しい顧客層を取り込むことにもつながるかもしれない。

それは、これからの日本社会に急増するであろう高齢者さ。

おそらく、高齢者の方には、コンビニエンスストアの接客姿勢に違和感を感じて、なかなか店内に入りづらいと考える人も少なくないと思う。でも、病院や郵便局のように、そこになにがしかの会話、コミュニケーションが存在すれば、今以上に高齢者のお客さんを取り込むことができるようになるんじゃないかな？

そう、対話のあるコンビニエンスストアは、経営の効率化を進めるだけでなく、新しい

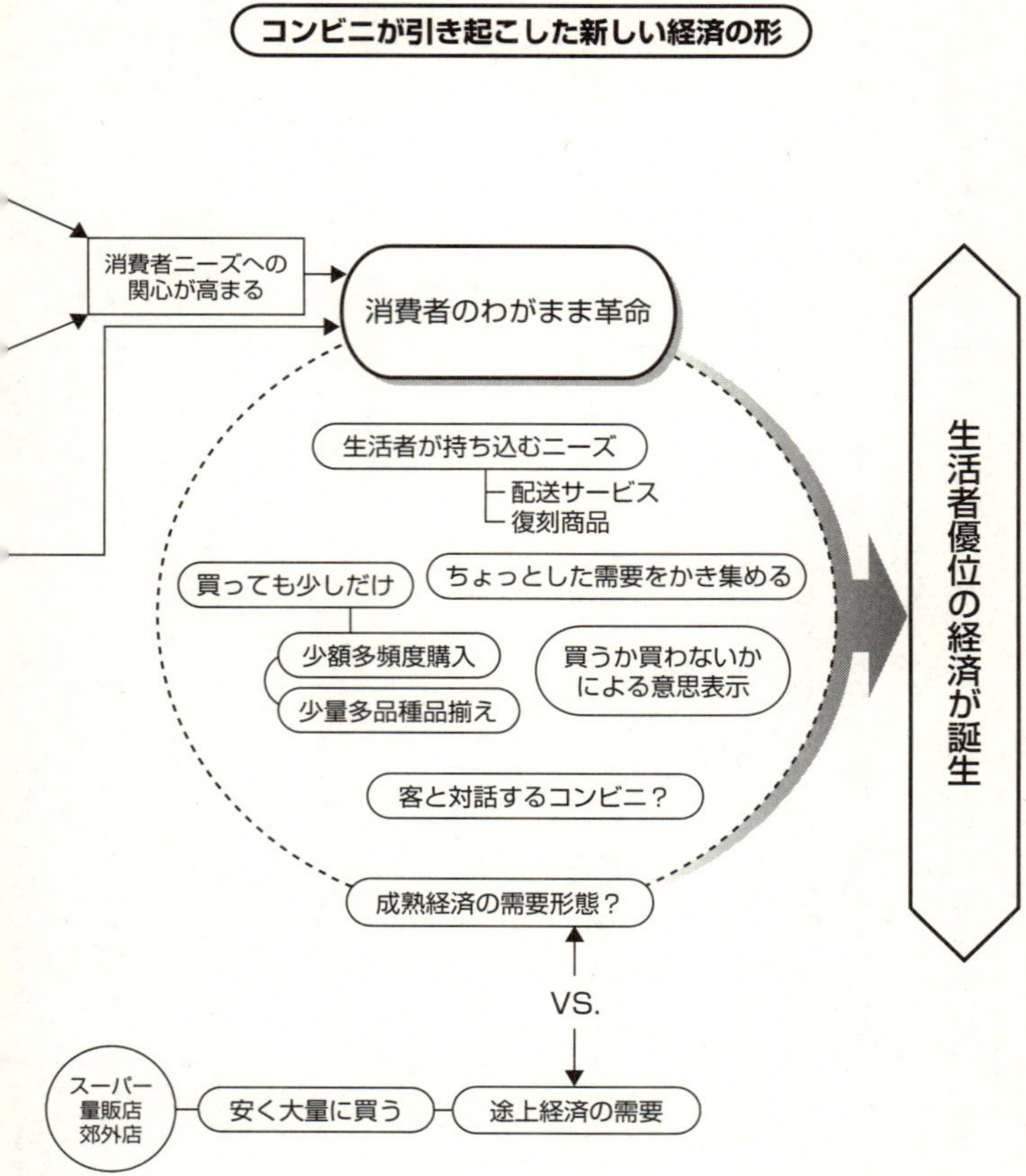
コンビニが引き起こした新しい経済の形
消費者ニーズへの
関心が高まる
消費者のわがまま革命
生活者が持ち込むニーズ
配送サービス
復刻商品
買っても少しだけ
ちょっとした需要をかき集める
少額多頻度購入
少量多品種品揃え
買うか買わないか
による意思表示
客と対話するコンビニ？
成熟経済の需要形態？
VS.
スーパー
量販店
郊外店
安く大量に買う
途上経済の需要
生活者優位の経済が誕生

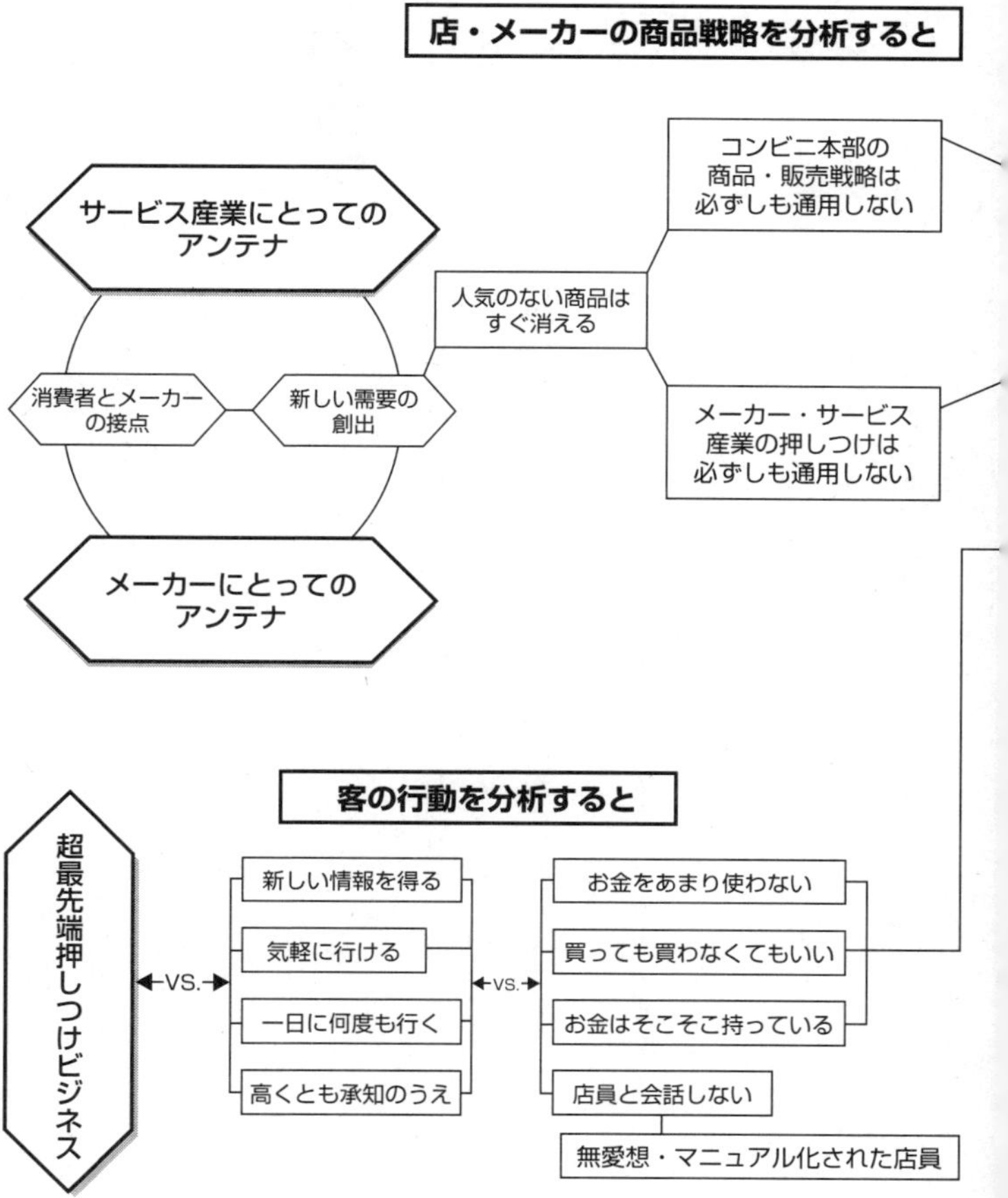
店・メーカーの商品戦略を分析すると
サービス産業にとってのアンテナ
消費者とメーカーの接点
新しい需要の創出
メーカーにとってのアンテナ
人気のない商品はすぐ消える
コンビニ本部の商品・販売戦略は必ずしも通用しない
メーカー・サービス産業の押しつけは必ずしも通用しない
客の行動を分析すると
超最先端押しつけビジネス
VS.
新しい情報を得る
気軽に行ける
一日に何度も行く
高くとも承知のうえ
VS.
お金をあまり使わない
買っても買わなくてもいい
お金はそこそこ持っている
店員と会話しない
無愛想・マニュアル化された店員

顧客層の開拓にもつながる可能性さえあるんだよ。そういった、コンビニエンスストアの隆盛が、生活者優位の経済へとつながっていくんだ。

2 ブランド

高度経済成長期から成熟経済への移行。このなかで、コンビニエンスストアが、新しい経済の形を作るきっかけになるだろうということは、わかったと思う。

そして、こうした移行期のなかで、大きな変貌《へんぼう》を遂げると思われるのが、ブランドなんだ。

ブランド名、いくつ挙げられるかな? 有名どころではセリーヌ、カルティエ、ルイ・ヴィトン、プラダ、グッチ、ティファニー、フェラガモ、エルメス、シャネル、etc.……。

高度経済成長期を経て、日本は経済力がどんどん高まってきたわけだけど、そのなかで、誰でもブランド製品を手にできるようになってきたよね。

お金があるから、ブランド製品を買う。懐《ふところ》に余裕があるから、ちょっとくらい値段が高くてもオーケー。トレンドに乗りたい、見栄も張りたい、ブランド製品を持つことによって、他の人たちとの差別化も図りたい。

で、円高の勢いに乗って海外旅行ブーム。円高だから、より安くブランド製品を買うことができる。１９９５年４月には、１ドル＝79円75銭なんていう超円高があって、その時は、パリやミラノ、ハワイのブランド店の前に、長蛇《ちょうだ》の列ができたよね。そして、雑誌などのマスコミ情報がまた、ブランド・ブームに拍車をかけたんだ。

そんなブームなんて、ずっとは続かないって？　ひょっとして、買えないもんだから、ひがんでる？　そうじゃなくて、ブランドなんて興味がないって？

経済が豊かになり、物質生活を享受《きょうじゅ》する人がいる一方で、ブランドにまったくの無関心という人たちも確かにいるよね。たくさんのお金をもらっても、何にどう使ったらいいのかがわからない。ブランド製品にも興味がない。

で、そういう人たちは、いったい、何にお金を使うのだろう。ちょっと考えてみようよ。

たとえば、趣味なんてどうだろうか。ブランド製品には興味がないという人でも、他に何か自分だけの楽しみ、趣味の世界に走っている人は、結構いるんじゃないかな。

ブランド神話が崩壊する時

でも、一方で、今の日本経済は「右肩上がり神話が崩壊した」なんて言われている。僕たちの生活はどうなっちゃうんだろう。

苦しくなる? そうだよね。たとえば、どんなふうに? 「高齢化が進む」。そうそう。これから間違いなく日本は、先進諸国のなかでも顕著な高齢化が進む。

そうなれば、税金や社会保険料がどんどん上がっていくはず。当然のことながら個人の可処分所得は減っていく。つまり、自由に使えるお金がどんどん目減りしてしまうんだ。

年功序列賃金もすでに崩壊状態だよね。昔みたいに、会社に長く勤めてさえいれば、いつの間にか給料も、役職も上がっていたなんて時代は、もうこないでしょ。ある日、突然リストラされるなんてことも、あるかもしれない。

経済全般を見れば、昔よりはるかに低成長の時代に入っている。これだけの条件が揃うと、モノを買う力、つまり購買力は、どんどん低下していくはずだよね。で、こうした情勢変化のなか、当のブランドメーカーたちは、どういう状況になっているのか。

ここ数年、銀座や丸の内界隈《かいわい》を歩いていると、やたらと目立つのが、シャネルやエルメス、ルイ・ヴィトンなどのブランド直営店。それも、どの直営店も一等地に出店している。

名だたる一等地に、たっぷりとお金をかけて作った超豪華店舗。至れり尽くせりの、洗練されたサービスを提供できる店員。とまあ、こうなると、店舗を維持していくためのコストが、半端じゃなくなってくる。

ある意味、値引きもせずに、ひたすら強気の定価販売でも、「一流ブランドであれば、お客さんがつく」というのは、どちらかといえば高度経済成長期のビジネスモデルなんだ。

逆に、今のような低成長期には、このようなビジネスモデルは、どこかの段階で破綻《はたん》をきたす恐れが高まってくる。いくら有名ブランドといっても、お客さんがつかなければ、何の意味もない。

つまり、デフレ、低成長という今の経済環境は、有名ブランドにとっても、サバイバル時代そのものなんだ。そのなかでは、生き残るブランドもあれば、撤退するブランド、そして、今までの高価格路線ではなくて、低価格路線に切り替えるブランド、といった３つの流れに分かれてくるんじゃないかな。

有名ブランドでも安く買える方法もあるって？　それはどんな方法かな？

なるほど。質流れや並行輸入モノを買うという手は確かにある。でも、一方ではニセモノが横行するなんて問題も出てくる。

いくら安いといったって、ニセモノを持ちたいと思う人は少ないよね。しかも、ブラン

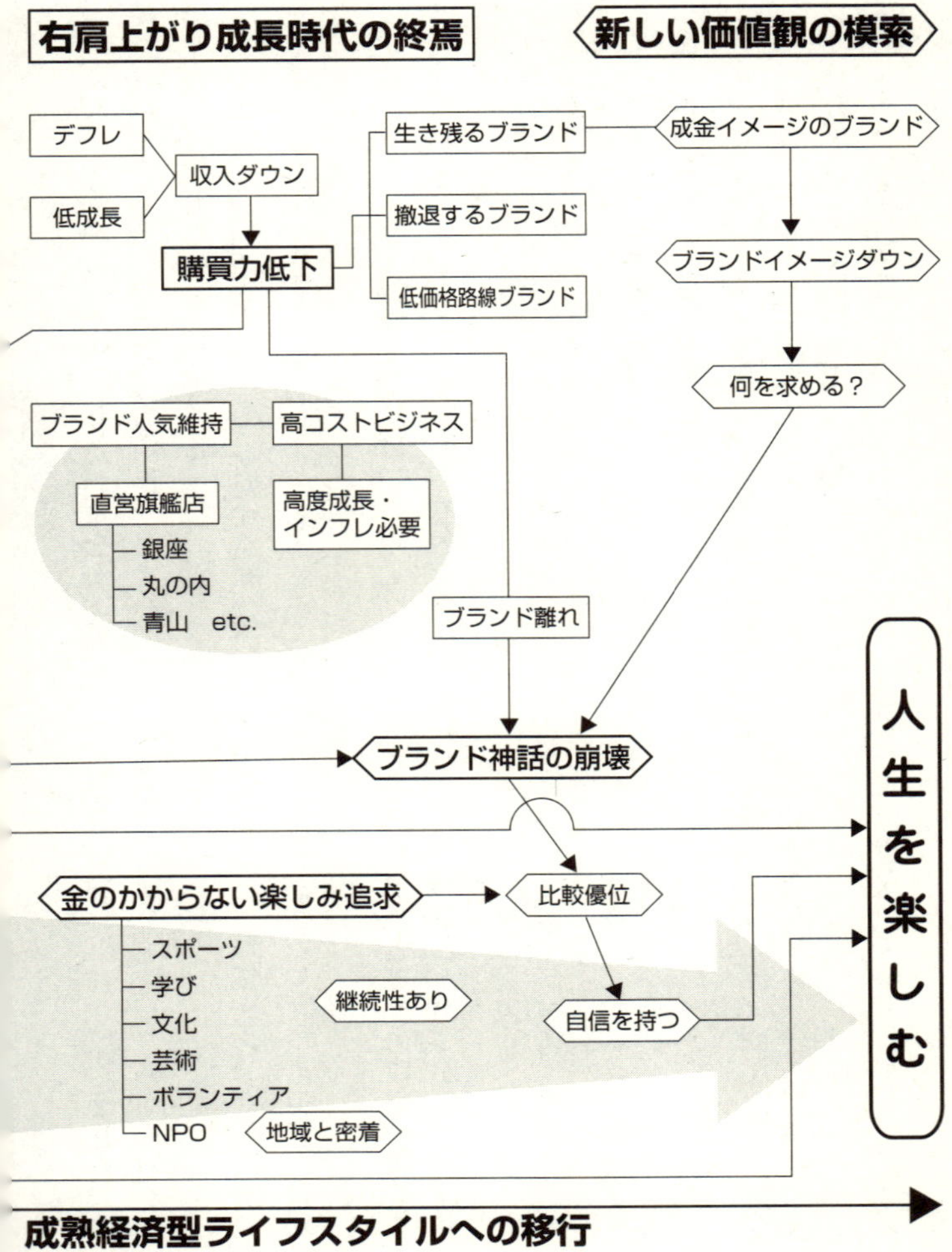
右肩上がり成長時代の終焉
新しい価値観の模索
デフレ
低成長
収入ダウン
購買力低下
生き残るブランド
撤退するブランド
低価格路線ブランド
成金イメージのブランド
ブランドイメージダウン
何を求める？
ブランド人気維持
高コストビジネス
直営旗艦店
高度成長・インフレ必要
銀座
丸の内
青山　etc.
ブランド離れ
ブランド神話の崩壊
人生を楽しむ
金のかからない楽しみ追求
比較優位
スポーツ
学び
文化
芸術
ボランティア
NPO
継続性あり
地域と密着
自信を持つ
成熟経済型ライフスタイルへの移行

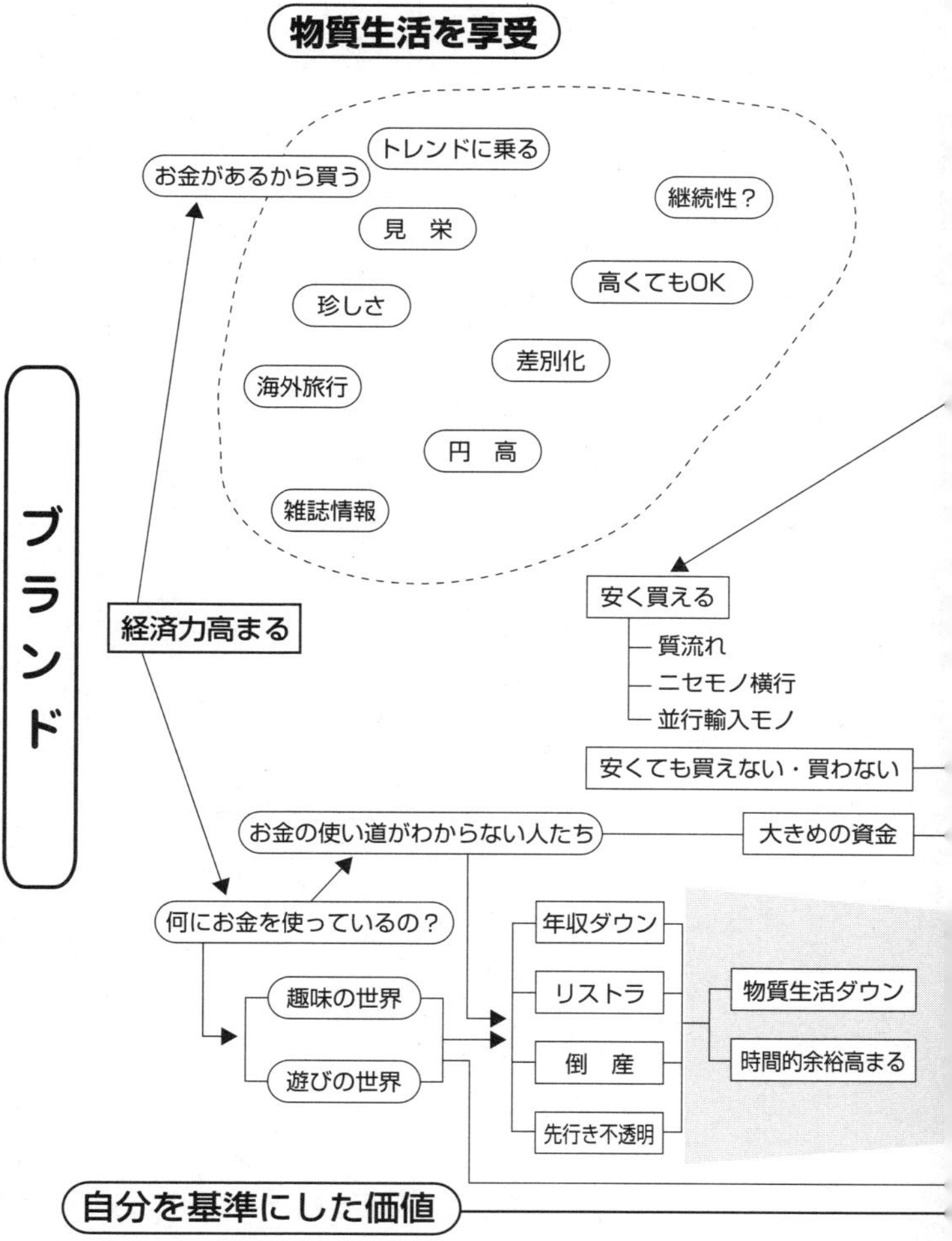
物質生活を享受
お金があるから買う
トレンドに乗る
継続性？
見　栄
高くてもOK
珍しさ
差別化
海外旅行
円　高
雑誌情報
ブランド
経済力高まる
安く買える
質流れ
ニセモノ横行
並行輸入モノ
安くても買えない・買わない
お金の使い道がわからない人たち
大きめの資金
何にお金を使っているの？
趣味の世界
遊びの世界
年収ダウン
リストラ
倒　産
先行き不透明
物質生活ダウン
時間的余裕高まる
自分を基準にした価値

ド製品を求める人のなかには、値段が高いからこそ、ブランドの価値があると思っている人も少なくないはず。

そうなんだ、安く買えるということは、ブランド製品にとってイメージダウンになるだけで、何の付加価値にもつながらないんだ。

とはいえ、これまでどおりの高価格路線で生き残ったブランドにしても、その先には試練が待ち構えている。

たとえば、経済が低成長時代に入って、日々の生活が苦しくなるなかでも、なおブランド製品に対する購買力を保つことのできる人って、いったいどんな人だろう。もちろん、本当の意味でブランド製品を持つに相応《ふさわ》しい人もいるだろうけれど、もう一方では、世間のやっかみも多少はあるのだけど、成金趣味のように思われてしまう側面もある。「世間はこんなに厳しいのに、それでもブランド製品を買うことのできる奴なんて、成金に違いない」とね。

こうなると、生き残ることのできたブランドでも、結局は成金イメージが先行して、ブランドイメージがダウンしてしまうことにもなりかねない。

今のブランド人気は、さっきも簡単に触れたけど、周りの人が持っているから自分も買う、他人よりもちょっとだけ違う自分を演出したいから、ブランドものを身につけるというように、どちらかと言えば見栄の世界での人気という感じ。

地に足のついたブランド人気じゃないだけに、ブランドに対するイメージが悪化すると、崩壊するのも加速度的に速くなる。それだけ脆弱《ぜいじゃく》な基盤の上に立ったブランド人気とも、いえるだろうね。

新しい価値観の模索が始まる

新しいブランドの価値は、これまで説明してきた、ブランド製品に首までどっぷり浸《つ》かった人からではなく、一見、ブランドにはまったく興味がなさそうな、そしてお金の使い道がわからずに、趣味や遊びの世界にお金を使っていた人たちから、生まれてくるような気がするんだ。

世の中を見渡してみると、どっぷりブランド神話に浸かっている人たちに比べれば、おそらく、ブランド神話とは無縁の人たちのほうが多いはず。

つまり、それだけ大きなお金が眠っているわけで、ここから新しいブランドの価値観が生まれてくる可能性は、とても高いと思うよ。

低成長あるいは成熟経済におけるさまざまな問題は、ブランド志向の強い人たちだけでなく、ブランドに関心のない人たちにも等しく襲ってくる。で、ブランド神話が崩壊する一方で、ブランドに無関心の人たちには、どのような現象が起こってくるだろうか。

まあ、いろいろあるよね。年収がダウンして可処分所得が減り、リストラへの恐怖、倒産の危険性、先行きに対する不透明感が高まる。このへんは、ブランド志向派の人たちに襲いかかる現実と同じ。

その結果として何が起こるか。仕事は暇になるし、お金の使い道がわからないからといって、趣味や遊びに大金をつぎ込むようなこともしなくなる。そうなると、時間的な余裕が生まれてくるよね。

すると、次に考えることは、「お金のかからない楽しみ方」だよ。文化や芸術、スポーツ、そして学び。どれもこれも、あまりお金をかけずとも楽しむことができるものばかり。

あるいは、ボランティアやNPOなど、社会に何らかの貢献をしながら、自分も楽しむという方法もあるかもしれない。

しかも、これらの楽しみは地域に密着した活動でもあるし、何よりも継続性がある。ブランド・ブームに踊らされるなんて、お金の切れ目が縁の切れ目ではないけれども、やはり継続性という点では疑問が残る。経済的に負荷のかからない楽しみこそが、継続性という点では、何よりも望ましいことなんだ。

ひょっとしたら、ブランドに関心のない人たちは、一見、「ブランドなんかケッ！」と思っていても、どこかで「自分もあんなふうにブランドもので着飾ることができたらなぁ」なんて思っていたかもしれない。

でも、こうした成熟経済ならではの楽しみが、本当に自分の人生を豊かにするものだということに気づいたら、もうブーム的なブランド人気に踊らされることなく、自分の生き様に自信を持つことにもつながるんじゃないかな。

一方、ブランド志向派だった人たちも、今までの自分たちの浮わついたブランド志向と比べて、本当に地に足のついた生き様を目の当たりにしたら、やはり別な視点から、人生を楽しもうという考え方が広まってくるかもしれないよね。まさにここから、新しい価値観が生まれてくるんだ。

ゆとりある生活の再発見

実は、お金のかからない楽しみって、身近なところに結構、たくさんあるものなんだ。次のページのフローチャートを見てもらえばわかるだろうけど、読書や映画、音楽、学問、料理に山歩き、釣りにパソコン……。

まあ、自動車や旅行なんかは、お金をかけようと思えば、いくらでもかけられるけど、逆に、お金がなくても十分に楽しむことができる。そんな楽しみ方って、本当にたくさんあるよね。

さて、ここからが本題。お金のかからない、身近なところに楽しみを求めるとはいえ、そこで一芸に秀でた人たち、あるいは徹底的にその楽しみを追求しようとしている人たち

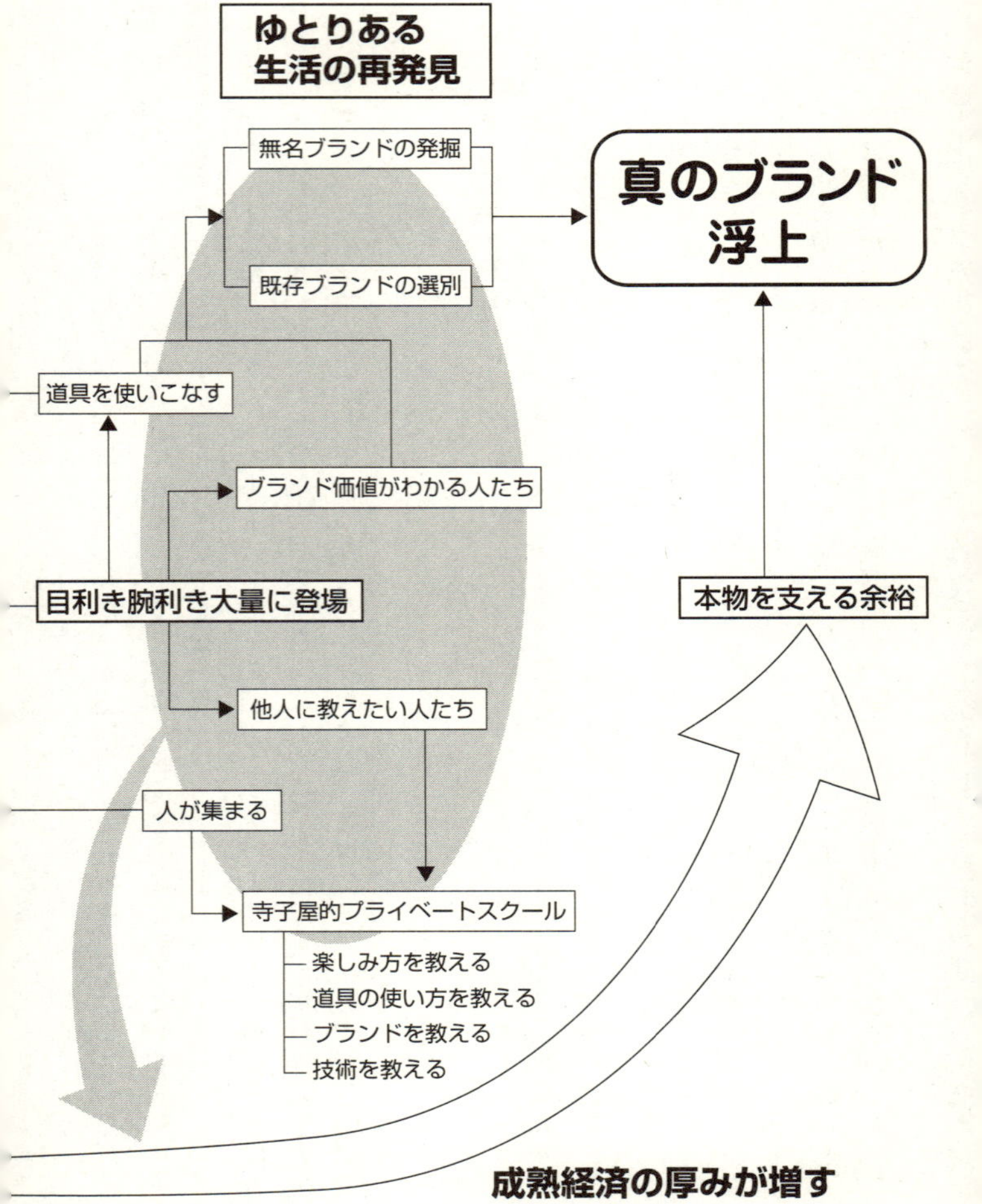
ゆとりある
生活の再発見
無名ブランドの発掘
既存ブランドの選別
真のブランド
浮上
道具を使いこなす
ブランド価値がわかる人たち
目利き腕利き大量に登場
本物を支える余裕
他人に教えたい人たち
人が集まる
寺子屋的プライベートスクール
楽しみ方を教える
道具の使い方を教える
ブランドを教える
技術を教える
成熟経済の厚みが増す

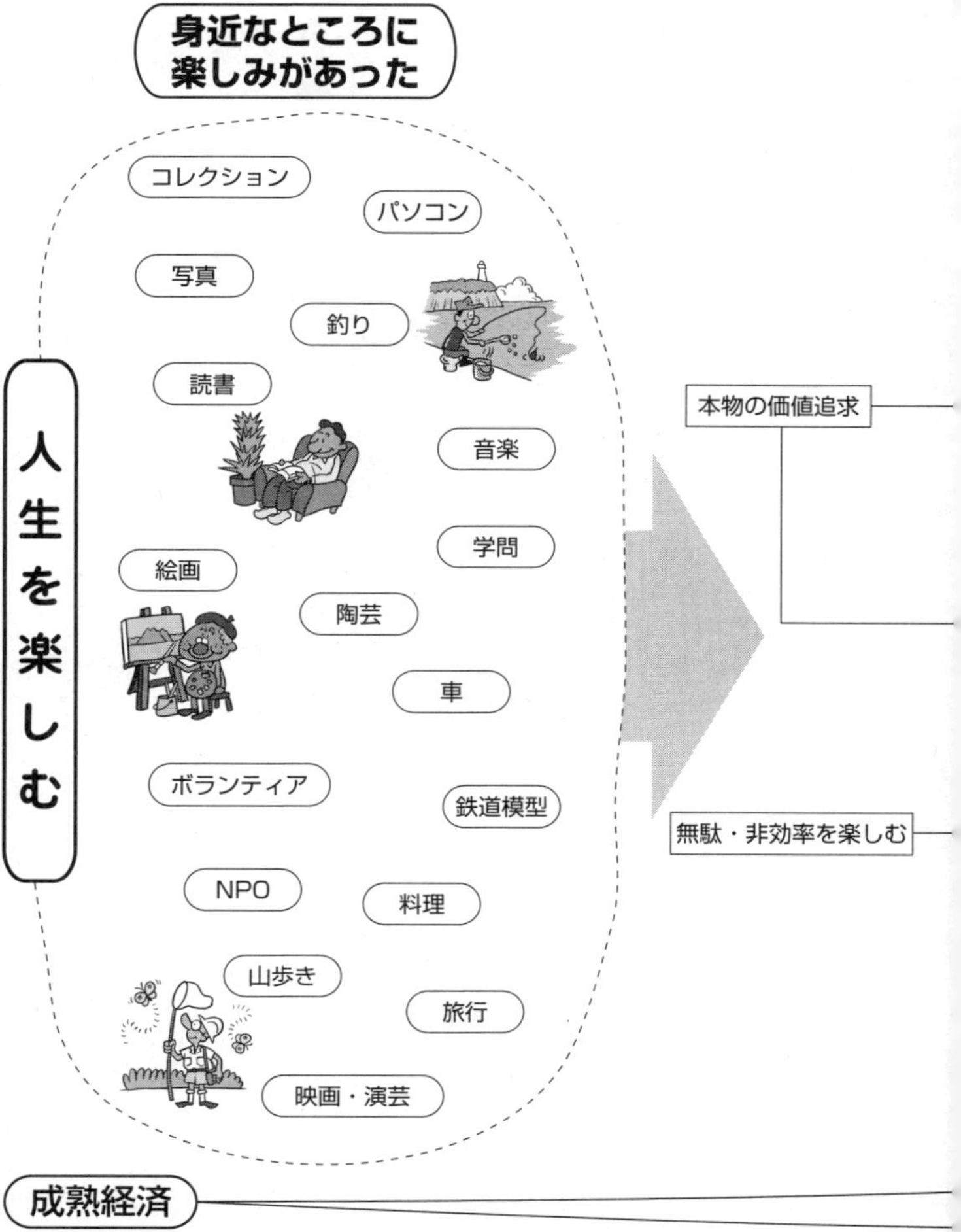
身近なところに
楽しみがあった
人生を楽しむ
コレクション
パソコン
写真
釣り
読書
音楽
学問
絵画
陶芸
車
ボランティア
鉄道模型
NPO
料理
山歩き
旅行
映画・演芸
本物の価値追求
無駄・非効率を楽しむ
成熟経済

は、作品にせよ、道具にせよ、本物の価値を求めるようになるんじゃないかな。

最近は、山歩きを趣味にしている高齢者の方も多いけど、たとえばトレッキング・シューズひとつとっても、このメーカーが歩きやすいとか、あのメーカーは耐久性が高いというように、自らの実体験から、いいモノを見極めていくようになるはずだよね。

道具を使いこなすことによって、さまざまな作品に触れることによって、あるいは経験を積んでいくうちに、目利きや腕利きがたくさん誕生してくる。

こういう人たちが、本当の意味で、ブランドの価値を知っている人たちなんじゃないかな。

マスコミなどからもたらされる情報に踊らされない。あくまでも自分たちの経験によって、本物を見極めることができる。

こういうことって本当に大事。道具を使いこなすことができる、そして本物を見極めることができる人たちは、今ある既存のブランドから、本当に実用に耐えうる、長く愛着をもって使える優れたモノを見つけ出すだろうね。

そして、それとともに、無名ブランドの発掘もするようになるんじゃないかな。何といっても、彼らはマスコミ情報に踊らされないからね。

本当に、使ってみていいと思えるモノなら、有名ブランドだろうと、無名ブランドだろうと関係ない。

本物を支える余裕が真のブランドを生む

与えられたブランドをありがたがるのではなく、消費者一人ひとりが、ブランドを見つけて、育てていく。このような社会になるためには、何はともあれ経済が成熟していることが前提になるんだ。

その日、その日の生活に精いっぱいという経済状況では、まさに今日、食べるものを手に入れることがすべて。無名のブランドを育てていくなんて余裕はどこにもない。ある意味、無駄や非効率を楽しむことのできる、経済的な余裕が必要になってくる。

今の日本経済は、確かに見た目は不景気かもしれないけど、何といっても世界第2位のGDPを誇る経済大国。かつての高度経済成長期を覚えているだけに、多くの人は過去の成功体験にしがみついてしまっている。けれど、発想を変えて、成熟経済国という前提に立って物事を見ていけば、新しい局面に移行することができるんじゃないかな。

加えて言えば、目利き腕利きたちは、新しいブランド価値を創造するだけでなく、おそらくは自分の経験を、他の人にも教えたいと思うようになるでしょ。

そうなれば、寺子屋的プライベートスクールじゃないけど、物事の楽しみ方や道具の使い方を教えたり、本物のブランドや技術に触れる場も生まれてくる。

その結果、より多くの人たちが、真のブランドを見極める目を養うことになる。

成熟経済の厚みが増すことによって、本物を支える余裕が生まれてくる。そこに、真のブランド価値が創造されていくんだ。

今、僕たちの周りにあるブランド製品も、日本国内では浮わついたブランド・ブームに支えられる形で、多くの人たちが持つようになってきたけれど、本場のヨーロッパなどでは、それを愛用した目利きたちによって育てられてきたんだ。

たとえばルイ・ヴィトンといえば、昔から旅行用のバッグとして、その使い勝手のよさと耐久性が高く評価されてきたよね。

日本の伝統的な漆器もそうだ。お店に並べてある段階はまだ半完成品。家で長く大事に使っているうちに完成品となっていく。職人の技が生活の現場での使いこなしに引きつがれて、初めて本来の味わいが出てくる。

本当のブランドとは、そういうものであるということ。さっきも言ったけど、ブランドはメーカーから与えられるものではなくて、消費者が自分たちの手で育てていくものなんだよ。だからこそ、おじいさんやおばあさんの時代から、お父さん、お母さんの時代を経て、自分たちも使うことのできる継続性を持ちうるんだ。

そろそろ日本も、ブランド企業の商品戦略や、マスコミ情報に踊らされるのではなくて、自分たちで真のブランドを発掘して育てていく、そんな時代に差しかかっているんだと思うよ。

なるほどポイント③ 巨大経済を背景としたコスト意識の高い社会

本物の成熟経済社会とはどういうものかについて考えてみよう。

前章の続きになるけれど、グローバル経済とか、大量生産・大量消費社会は、20世紀においてはきわめて有効で、社会の要求に合致した論理、価値観だったと思うんだ。

でも、それを続けているうちに、大量廃棄の問題がクローズアップされ、地球温暖化や、フロンガスによるオゾン層破壊など、いろいろな地球規模の問題へとつながってしまったんだね。

そして、これらの問題を解決しようと思ったら、途方もなくお金がかかる。今まで、大量生産・大量消費はコストを下げるなどと言われ続けてきたけれども、ここに来て、大量廃棄にともなうコストを負担しなければならなくなってきた。だから、トータルで見た時に、本当にコストが安かったのかということを、じっくり考える必要があるよね。

でも、だからといって、急に経済成長にブレーキをかけるわけにもいかない。地球規模で経済成長を止めようと思っても、これから発展しようという国からは「冗談じゃないよ」と言われる。したがって、ある程度の経済成長、ならびに大量生産・大量消費は必要だと思うよ。

ただし、そこで考えるべきことは、いかに調和をとりながら、成長を維持していくかということ。そのためのキーワードが、トータル・コストなんだ。

誰もが、今以上に豊かになりたい、成長したいと思うはず。でも、豊かさを追求するためには、一定のコストを負担する覚悟が必要になる。それを意識すれば、たとえば「ここは豊かさを追求するけれども、ここは我慢しよう」というように、取捨選択するようになる。

これまた使い分けなんだね。

「使い分け」が社会的コストを下げる

とにかく、今までは皆一律に、とにかく豊かに、とにかく金持ちに、とにかくモノを、と言い続けてきた。そのなかで、豊かさを追求すべきところと、そうでないところとの区別をしっかりできるようになれば、全体的なコストは、安くてすむはずなんだ。

コストというと、往々にして経済的な効果だけを考えてしまいがちだけど、最終的には人それぞれの生き様《ざま》につながってくる。

贅沢《ぜいたく》したい時にはいいワインを時々飲む。でも、毎日飲む必要はないし、それでもワインを飲みたかったら、普段は安いワインにする。それを幸せと思うかどうかだよね。

何事につけても、メリハリの利いた生活を送ることが大事なんだ。

豊かさを追求するなかで、昔に戻りたくない、貧しくなりたくない、という意識が蔓延《まんえん》して、しかもそういう考えを皆が共有して突っ走るから、消費にもまったくブレーキが利かなくなってきた。これが、経済拡大期における日本経済。

でも、もう日本は成熟社会に移行したんだから、もっと社会全体のコストを認識して、自分自身で部分部分の行動にブレーキをかけることが大事。そうすれば、環境破壊にしても、そのスピードは抑えられるだろうし、その分だけゆとりのある生活ができるようになる。

自分の人生のなかで、取る部分と取らない部分を把握する。それを意識できる人を構成員にした社会は、しっとりした雰囲気に囲まれるようになるはずだよ。

つまりは「自分の生き様としての使い分け」。どの部分で贅沢をするか。そして、それ以外のところは贅沢しないようにする。あるいは、欲求を抑えるところに楽しみを見出していく。

そうなると、人生はもっとおもしろくなる。

フランスの田舎暮らしに見る真の豊かさ

僕はフランスの田舎を旅するのが、すごく好きなんだ。というのも、あそこに3日間、あるいは4日間いるだけで、ものすごく豊かさを感じるから。

まさに、豊かさを全身で感じとることができるって感じなんだ。それはね、フランスの田舎には、自分のペースで生きている人が大勢いて、収入はそんなになくても、全体的に物価が安いわけ。食料だって、野菜だって、新鮮で安い。しかも自然との調和のなかで生きているから、家畜の匂いや花の匂い、草の匂い、果物の匂いなどがふうーっと流れてきて、そういう環境のなかに人々の生活がある。

そして、そのなかで生活している人たちの暮らしぶりを見ていると、これが結構質素なんだ。1週間に1度ぐらい、ちょっとしたレストランに行って、皆で食事をするということはあるけれども、毎日の食卓は決して豪勢なものじゃない。肉をメインにするとしても、パンとチーズ、サラダにワイン、その程度のものなんだ。しかも、それぞれが安いのはもちろんだけど、どこかわけのわからないところから来た粗悪品の安さではなくて、どれもが地元のもので美味《おい》しくて、しかも新鮮。

みんな、豊かな空気のなかで生きているんだね。で、当然、無理をしていろいろなモノを大量生産・大量消費しないから、ゴミも少ないし、プラスチック廃棄物も限定される。

ちょっと周りを見渡せば、その土地で採掘された石材などを使って家を建てているから、色あいなど街全体の調和がとれている。もっと言うと、そこに住んでいる人たちは、今以上に、無理をしてまでお金持ちになろうなどと思わないから、工場やオフィスなどをどんどん誘致しようとも考えない。だから、街並みの景観にも調和が生まれるんだ。

全体が静かで、豊かで、かつゆとりがある。貧しさなんて全然感じられない。でも、いろいろな点を数字で見ていくと、われわれよりも所得水準がはるかに低いわけ。そうであるにもかかわらず、はるかに豊かであり、はるかに贅沢。

確かに、工場を誘致すれば、金銭的には豊かになるかもしれない。でも、それを敢《あ》えて捨てて、自分たちなりの豊かな生活を追求する。

ある意味、高いレベルにおけるコスト意識が働いているからだろう。自分たちで考え、自分たち自身で選択することができるからこそ、金銭にとらわれない形での豊かな生活を享受できるんだ。

こうなると、生き様そのものがブランドになる。「これが人間だよね、こういう生き方が理想だよね」と、感嘆してうらやましく思えるような生き様。真にブランド的な生き方といってもいいと思うんだけど、そういう人たちが集まる街や村があってこそ、本物の成熟経済といえるんじゃないかな。

第6章　インフレを乗り切る人、飲み込まれる人

高度経済成長期における消費形態から、成熟経済における生活形態へ。コンビニエンスストアやブランドのフローチャートを追っていくと、日本経済が大きく変わってきつつあることが、よくわかるよね。

それじゃあ、個人の財産づくりというか資産運用の形態はどうなっていくと思う? 日本経済の右肩上がり神話が崩壊して、これまで日本の伝統的雇用形態と言われてきた「終身雇用制度」や「年功序列」が崩壊。いろいろなところで、パラダイムの大変換ともいうべき現象が出てきている。

個人の消費活動の変化もそのひとつ。個人の側から見れば、雇用形態や消費形態が変わり、次は資産運用の形態がどう変わってくるのかというところに、関心が向くんじゃないかな。

資産運用の一大パラダイム変換。そのカギを握っているのが、実は昨今、新聞やテレビなどでも話題に上る、日本の財政赤字なんだ。

「日本の財政赤字が問題化して、資産運用のスタイルが変化する」。まあ、これは「風が吹けば桶屋が儲《もう》かる」じゃないけれど、両者の因果関係がわからないと、どうにもイメージが湧いてこないでしょ。

それじゃあ、そのイメージが湧いてくるように、フローチャートを駆使して、いろいろ考えてみようよ。

財政ってなに？

「国家財政」と言われても、それはいったいどういうものなのか、なかなかイメージが湧いてこないかもしれない。だけど、僕たちが日本国内で生活するうえで、そしてタックスペイヤー（納税者）としての意識を持つためにも、財政の基本くらいは、頭に入れておく必要があるだろうね。

そうだねぇ、何か身近な例はないかな。たとえば、このところ再び人気が高まってきた「個人向け国債」をキーワードに、国家財政について考えてみようか。

国債って何だかわかる？　「国が発行している債券のこと？」。そうだね。国が発行しているから「国債」。地方公共団体が発行していれば、「地方債」なんて言われている。ちなみに、一民間企業が発行している債券は「社債」と言うんだよ。

それじゃあ、国債を発行することによって集められたお金は、いったい何に使われているんだろう。

一言で「国債」といっても、大きく分けて2種類あって、ひとつは「建設国債」。これは、たとえば橋を架けたり、道路を建設したりするなどの公共事業に必要なお金を捻出《ねんしゅつ》するために発行されているんだ。

そしてもうひとつが「赤字国債」。こっちは建設国債のように、使い道が明確に決めら

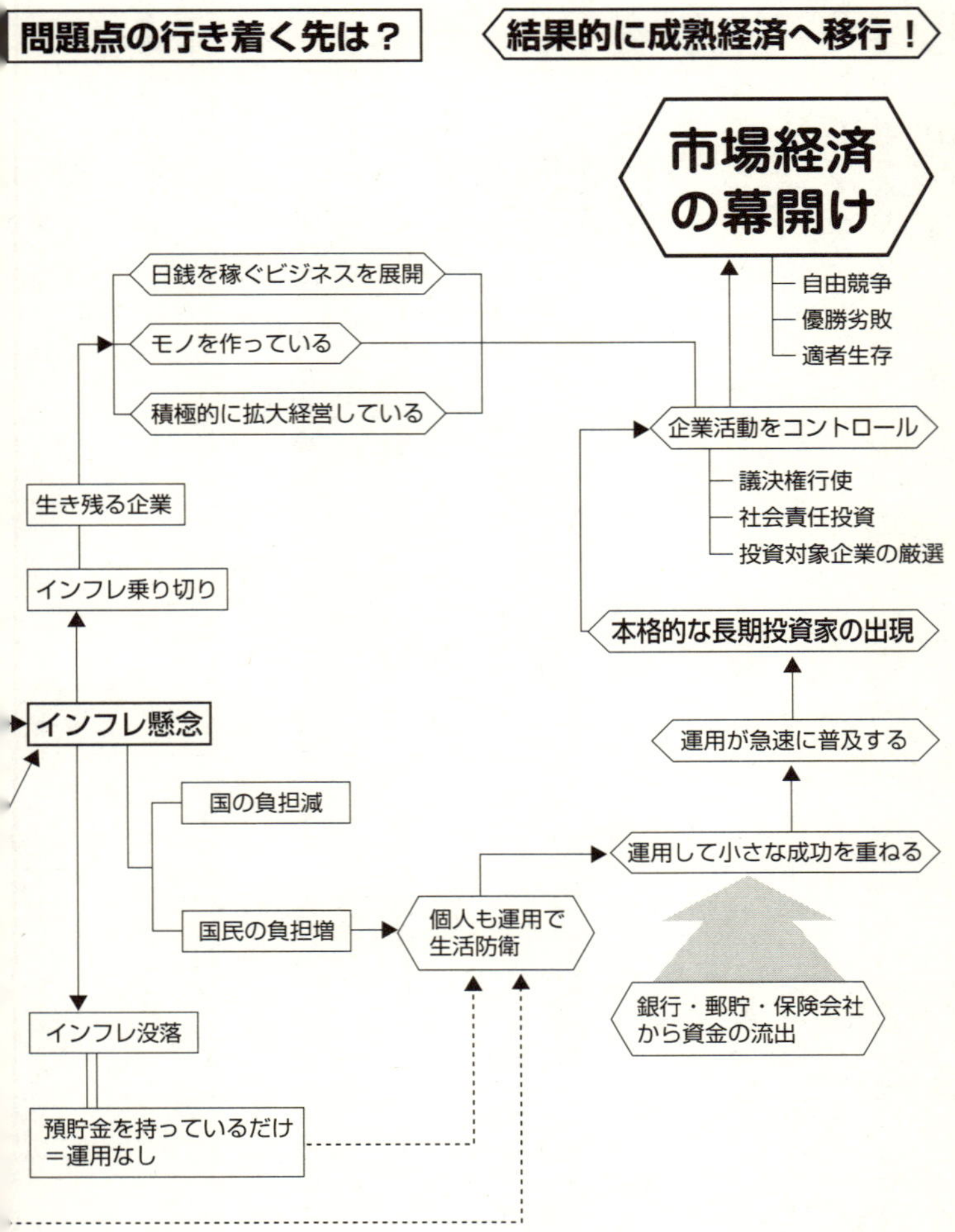
問題点の行き着く先は？
結果的に成熟経済へ移行！
市場経済の幕開け
自由競争
優勝劣敗
適者生存
日銭を稼ぐビジネスを展開
モノを作っている
積極的に拡大経営している
企業活動をコントロール
議決権行使
社会責任投資
投資対象企業の厳選
生き残る企業
インフレ乗り切り
本格的な長期投資家の出現
インフレ懸念
運用が急速に普及する
国の負担減
運用して小さな成功を重ねる
国民の負担増
個人も運用で生活防衛
銀行・郵貯・保険会社から資金の流出
インフレ没落
預貯金を持っているだけ＝運用なし

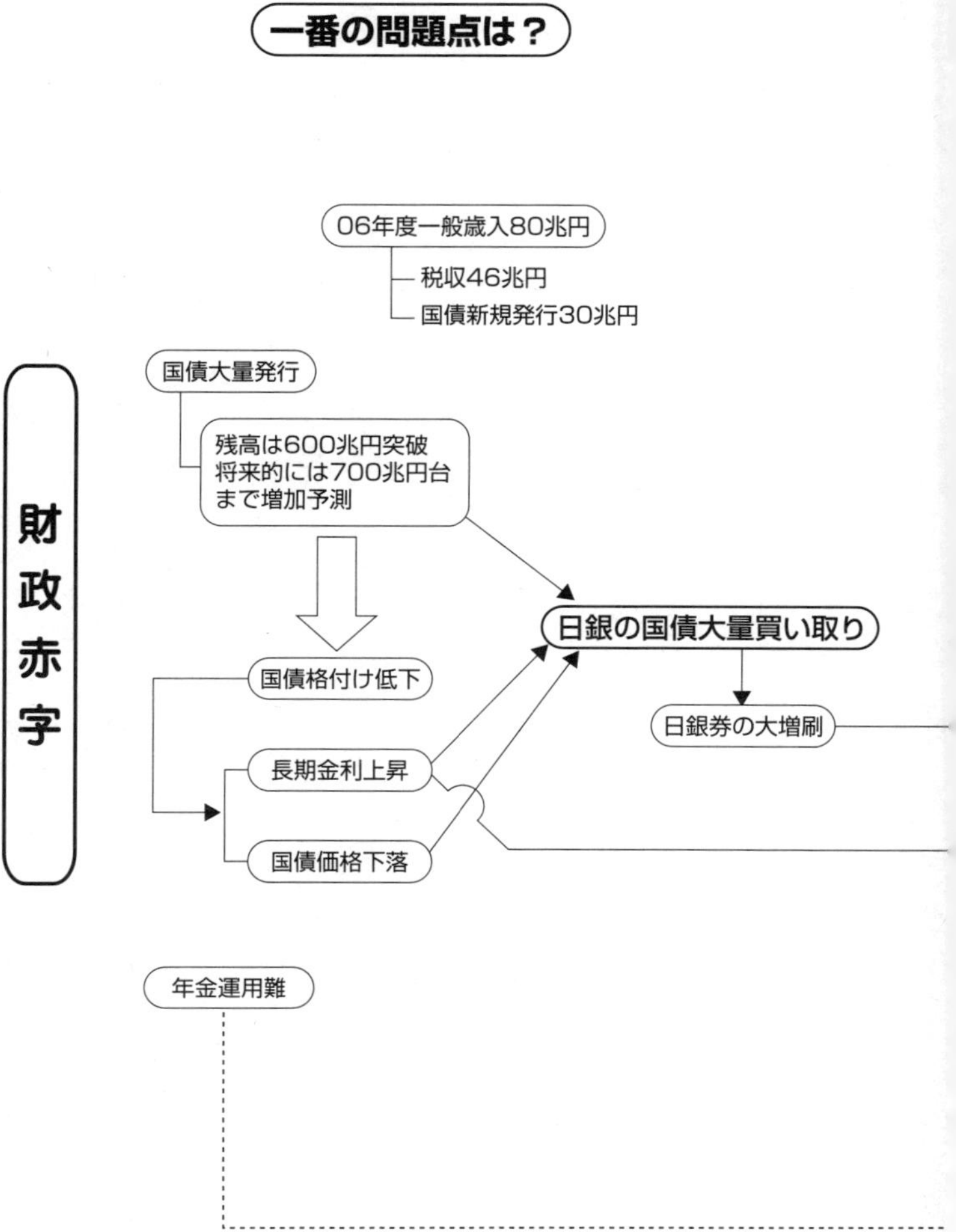
一番の問題点は？
06年度一般歳入80兆円
税収46兆円
国債新規発行30兆円
財政赤字
国債大量発行
残高は600兆円突破
将来的には700兆円台
まで増加予測
日銀の国債大量買い取り
国債格付け低下
日銀券の大増刷
長期金利上昇
国債価格下落
年金運用難

れているわけじゃなくて、単に国の財布にお金がなくなって、それでも支払わなきゃならないお金があるから、その穴埋めをするために発行されている国債なんだ。

たとえばメーカーなら、製品を作って販売し、それによってお金を得る。個人なら、会社で働いて給料をもらい、それで日々の生活を送る。このようにして、企業も個人も経済活動を繰り返しているんだけど、国も同じように、国独自の経済活動を行っている。

今も触れたように、公共事業を行うなんてのもそのひとつだし、その他には警察や防衛、あるいは国民の教育といった、民間企業では参入しにくい分野での経済活動を、国が担っているんだよ。

基本的に国は、国民から集めた税金を使って、こうしたさまざまな経済活動を行うんだけど、やはりどうしてもお金が足りないってことがある。それを穴埋めするのが国債であり、そのなかでも公共事業以外の不足分に充てられるのが、赤字国債ってわけ。

そして、国が行う経済活動を支えるお金の出入りが、国家財政なんだ。

日本の財政事情はどこまで深刻なのか

ところで、日本の財政赤字が問題化されだしてから、ずいぶんと時間が経っているよね。

えっ？　何が問題かって？　う～ん。なかなか財政赤字が深刻だといっても、個人が日常の生活を送るうえでは、自覚しにくい問題であるのも事実だからね。

でも、このまま日本の財政赤字が、雪だるま式に膨《ふく》らむのを黙って見ていたら、いつか、僕たち国民にもさまざまな影響が出てくるんだよ。

だって、国が抱えている借金を、「もう返せません。お手上げです」なんて言うようになったら、誰が肩代わりするんだい。誰もいないよね。そうなったら最悪のケース、僕たちが払っている税金が大幅にアップされて、それによって借金を返すなんてことにもなりかねない。

でも、税金がこれ以上増えたら、僕たちの生活はどうなっちゃう？　いくら給料をもらっていたとしても、自由に使えるお金がどんどん減っちゃって、生活は苦しくなってしまうよね。だから、国の財政事情は、僕たち一人ひとりがタックスペイヤーとして、きちっと見張っていく必要があるんだ。

それじゃあ、いよいよ本題に入っていくよ。フローチャートを作成するためには、まずは現状認識から。

日本の財政事情がいかに厳しいかということを、具体的な数字を挙げて、考えてみようか。

まず、2006年度の国家予算がいくらあるか知っているかな？　そう、歳入の総額で79兆6860億円だね。で、このうち税金によって入ってくると予定されているお金はいくらだろう。

実は約半分の45兆8780億円。税金にせよ国債発行にせよ、国に入ってくるお金のことを、「歳入」って言うんだけど、何と歳入全体のうち、税金によって入ってくるお金は57%程度しかないんだよ。加えて、税金以外の「その他収入」というものがあって、それが3兆8350億円。

税金とその他収入については、特に返済義務のないお金なんだけど、残りについては、返済義務のある借金、つまり国債の発行などによって調達されるお金ってことになるんだ。ちなみに、2006年度予算で新たに発行される国債の額は、総額で29兆9730億円もある。

「29兆円？　でも、日本のGDPは500兆円近くあるんだから、そのくらいの借金なんて、たいしたことないんじゃない？」な～んて、本当にそう思ってる？　実は違うんだな。

よーく考えてごらん。ここに挙げた29兆9730億円という額は、繰り返しになるけれど、2006年度予算で新たに発行される国債の額なんだよ。国債は通常、償還まで10年近くかかるから、それまでに発行された国債の残高が、どんどん積み上がっていくんだ。するど、どうなると思う？

そう。国債発行による国の借金は、どんどん膨らんでいく。しかも、借金の額が大きくなるほど、それだけ多くの利息を支払わなければならないという問題も出てくる。

よくサラ金で借金した人が、金利の支払いだけで首が回らなくなるなんて言われているでしょ。それと同じことが、国の借金にも当てはまるってこと。

借金総額1000兆円突破も見えてきた

「怖いもの見たさ」ついでに、国債発行にともなう金利負担が、どれくらいあるのかを見てみようか。

もちろん、国債発行によって調達したお金は、いつか返済しなければならない。加えて金利も負担しなければならない。この、借金の借り替え部分と、金利支払い部分の負担を「国債費」って言うんだ。2006年度予算に占める国債費の額は18兆7616億円。全体の予算が79兆6860億円だから、何と予算の23%が、借金の借り替えと返済負担に充てられているんだね。

それじゃあ、日本の借金総額がいくらあるのか見てみようか。数字はすべて2005年12月末時点のものだよ。だから、今はここからさらに上乗せされていると考えてね。

まず、国債の発行残高だけど、この総額が何と663兆7743億円。過去から繰り返してきた国債発行の残高は、すでに日本のGDPを超えてしまっているんだ。

しかも、これだけで安心してはいけない。というのも、国の借金は国債の発行によるものだけでなく、それ以外の借入金もあるからね。2005年12月末時点の借入金残高は59兆3494億円。さらに、国債の発行残高に含まれない「政府短期証券」の発行残高も加えると、国の借金総額は813兆1830億円にもなるんだ。

でも、まだまだ安心してはダメ。政府保証債務残高といって、特殊法人などが借入を行った時に、政府が返済の保証を行っている分も、広い意味で国の借金だからね。もし、特殊法人が借りたお金を返せなくなったら、政府がその借金を肩代わりしなければならないんだから。この政府保証債務残高が55兆6669億円もある。ということは、すべてをひっくるめた国の借金総額は、もう800兆円を大きく超えていることになるんだよ。

おそらく、このままのペースで新規国債の発行が続いていったら、国債の発行残高だけで700兆円を超える日も近いだろうね。そうなると、国債以外の借金なども合わせれば、国の借金総額が1000兆円を突破するのは、確実じゃないかな。

財政赤字の深刻化がもたらす影響

さて、借金漬けになった国の財政は、いったいどんな影響をもたらすのだろう。

まず、日本政府が発行している国債の格付けが低下する。格付けというのは、その債券が償還、つまり「この日までに元利金を全部お返ししますよ」という期日を迎えるまでに、元利金の支払いが滞《とどこお》ってしまう恐れがどれだけあるのかを、記号で示したものなんだ。で、今、日本国債の格付けは、先進国中最悪の状況にあって、南米のチリや、アフリカのボツワナよりも低いとされている。

さて、格付けが下がってしまうと、どういう現象が生じてくるのか、想像がつくかい？　わからない？　ちょっと専門的な話になっちゃうからね。でも、身近なところで考えてみると、納得する。たとえば、「あの人にお金を貸したら、なかなか返してくれないからね」なんて評判の人が、「悪いけど、ちょっとお金貸して」って言ってきたら、どうする？

そう。普通はおいそれと貸さないよね。でも、その人がもし、「お金貸してくれたら、フレンチの有名店でディナーをご馳走《ちそう》してあげる」って言ってきたら、どうする？　まあ、それでも貸さないという人もいるだろうけれど、なかには、「それじゃあ、ちょっとリスクをとって貸してみようか」と考える人もいるかもしれないよね。国債発行による資金調達も同じことで、他の国が2%の金利を払うところを、3%、あるいは4%払うといえば、リスクはあったとしても、貸してくれるところが出てくるんだ。

ということは、長期金利が上昇する、ってことになるんだけど、その一方で、国債の価格は下落する。

金利が上がると価格が下がる。ここはちょっとわかりづらいから説明が必要かな。

こういうことだよ。債券は額面が100円と決められていて、それに対して年2%とか、3%の利子が支払われる。でも、国債は基本的に固定金利だから、長期金利が2%から3%まで上昇したとしても、2%の利子が支払われる債券の利子部分が、3%に上昇するわけではない。どうやって調整するかというと、額面100円に対して、市場で取引されている債券の価格が、99円とか、98円というように値下がりしていくんだ。債券は償還まで持てば、額面価格の100円で戻ってくるから、安く買えた分だけ手取りが増えるってことさ。

さて、長期金利がどんどん上昇して、国債の価格が値下がりし続けるという状況になると、困る人たちが出てくる。それは、国債をたくさん買い込んでいる銀行や年金などで、運用がガタガタになってしまうんだね。だって、保有している国債の価格が下がっちゃうんだから。もちろん、償還まで持てば額面で戻ってくるとはいっても、銀行や年金が保有している債券は、その時の時価で評価して、それを決算に反映させなければならない決まりがある。つまり、保有している間に価格が下がれば、それは損失として、バランスシートに計上しなければならないんだ。

ということは、たとえば年金などは、多くの企業から預かっている年金資金の運用利回りが、どんどん低下していくことになる。その分だけ年金の積み立て負担が増えるし、給付額が減らされることになる。

国債の大量発行がインフレを招く

悪いことは、これだけじゃ終わらない。すでに663兆円もの国債発行残高があるわけだけれど、残高があるということは、誰かが、これだけの額の国債を持っているんだ。

今も説明したように、年金や銀行のほか、個人も国債を買っているんだけど、それだけでは、これだけの額の国債を全額買うことは、当然のことながら不可能。もっと大きなお金を動かすことのできる誰かが、日本国債を大量に買っていると考えるのが、自然の流れだよね。

いったい、誰だろう。2005年から2006年の数字を見ると、国内の民間銀行の国債保有残高もすごいけれど、実は日本銀行もかなりの保有額を持っていることがわかる。そしてこれからは、日本銀行による国債の買い支えが、さらに増えていく恐れがあるんだ。何といっても、日本の政府はお金が足りないから、国債をどんどん発行して、お金を借りたいと思っているからね。

でも、あまりにも国債をたくさん発行しちゃうと、日本の銀行や企業、個人なんかは国債を大量に持ちすぎちゃって、いずれ誰も買わなくなっちゃう。そこで、日本銀行が登場するってわけ。お札を発行している日本銀行に、国債を買ってもらおうっていう算段なのさ。

まあ、国債を発行してお金を調達したいと思っている政府にとっては、結構な話だよね。なんてったって、輪転機を回せばいくらでもお札を刷ることができる日本銀行が、国債を大量に買ってくれるって言うんだから。

でも、実はこの反動が怖い。政府も、日銀がいくらでも買ってくれるからといって、安心して国債を大量に発行しているどころの話じゃないんだ。

何が起こるのかというと、そう、インフレだよ。

日銀が大量に国債を買っているということは、それだけたくさんのお金、つまり日本銀行券が刷られていることになる。それこそ輪転機を猛スピードで回してお札を刷って、それで国債を買っているんだね。

でも、たくさんのお札が刷られるということは、それだけお金の価値がなくなることを意味する。そして、いずれお金の価値がなくなりそうとなれば、人々はお金の価値がなくなる前に、モノに換えておこうと考えるから、いつかどこかで物価はグングンと値上がりしていくんだ。それがインフレ発生ということ。

さて、このようにしてインフレが生じると、それがメリットに働く人と、デメリットに働く人とに大きく分かれてくる。

ざっくりと分けると、物価の急騰によって、国民生活は確実に苦しくなる。そうだよね。今まで1本100円で買えた大根が、300円、400円というように値上がりしていってごらん。もちろん、物価の上昇に比例して、給料が上がっていけば問題ないけど、今はそんな時代じゃあない。物価だけ上がって給料は変わらずなんてことになったら、国民生活は確実に貧しくなる。

でも、インフレを待ち望んでいる人たちもいるんだ。それは、いろんなところから借金をしまくっている人たち。物価が上昇していけば、相対的に借金の負担は軽くなるからね。

で、日本国内で一番多額の借金を抱えているのは誰かといえば、それは日本政府だよ。つまり、インフレが生じれば、国民の負担が重くなる一方、国の負担は軽くなるのさ。

インフレ社会での一番の勝ち組は、国ってことになるかな。

また、資産運用の側面にスポットを当てると、これまでどおり、預貯金中心で運用している人たちは、間違いなくインフレ没落の憂き目に遭う。

そりゃそうだよね。インフレによって現金の価値がどんどん目減りしていくっていう時に、現金に近い性質を持つ預貯金などの金融商品にお金を預けっぱなしにしておいたら、お金の価値は目減りする一方になっちゃう。

このような憂き目に遭わないようにするためには、個人も頭を使って、将来起こるであろうインフレに備える必要があるんだ。

インフレから始まる間接金融の地盤沈下

では、どうやったら、インフレの危険性から逃れることができるんだろう。まず、企業活動の側面から考えてみようか。

ここでポイントになるのは、従来の間接金融、つまり、銀行や生命保険会社を媒介とした金融システムが、ガタガタになる恐れがあること。そして、その背景には、個人も含めて、インフレ乗り切りのソリューションとして、株式を中心とした本格的な運用へ目が向くということがあるんだ。

さっきも説明したけれど、本格的なインフレが到来したら、預貯金による運用ではお金が目減りしていく一方になるよね。でも、株式は基本的にインフレに強い資産だから、物価上昇に比例する形で、株価も上昇していくことになる。インフレヘッジとしての株式投資は、昔から資産運用の常識なんだよ。

こういった認識が広がっていけば、これまで銀行に預けていたお金を引き出して、株式投資に振り向けるようになるでしょ。

郵便貯金や生命保険なんかも同じ。生命保険会社は、機関投資家として株式運用を行っているけれど、価格変動リスクが大きいからという理由で、株式投資比率を下げる方向にある。それは置いておいても、僕たち保険加入者は、保険商品を購入することによって間接的に株式市場に投資するくらいなら、自分で直接、銘柄を選んで投資したほうが、はるかに投資効率がよくなる。だったら、何も保険商品をとおして運用する必要は、どこにもないじゃない。

こうして、銀行預金や郵便貯金、あるいは生命保険に集まってきていた資金が大量に解約流出を始める。その流れのなかで、かつての高度経済成長を一手に支えてきた金融システム、間接金融は急速に地盤沈下していく。

その一方、運用によって小さな成功を収める人が増えれば増えるほど、本格的な運用が急速に広まっていくことになる。誰だって、隣の人が株式投資で成功を収めたら、自分もそうなりたいと思うでしょ。そういう小さな心の動きが、やがて大きな資金の流れになって、株式市場へと向かっていくんだ。

ちょっと話が脱線してしまったけれど、本題に戻ろう。企業がどうするかという話だったよね。

間接金融のシステムが地盤沈下するということは、少なくとも間接金融システムに乗っかってビジネスを展開しているような企業は、間違いなく痛い目に遭うだろうということ。銀行や生命保険会社などの間接金融機関は言うまでもないんだけど、一方、金融機関以外の事業法人のなかにも、これまで間接金融のメリットを最大限活用して潤ってきたところはある。

これは、戦後の日本企業の多くがあてはまると思うんだけど、たとえば、モノづくりをしているような企業でも、バランスシートを見ると、所有している不動産などを担保に巨額の借入を起こして、それによって、自分の背丈以上に企業規模を拡大しているようなところは少なくないよね。土地を担保にして借入を起こし、それでさらに土地や設備を購入する。信用によって水膨れしているにもかかわらず、さらに水膨れ部分を担保に借入をどんどん行って、膨張してきたような企業だよ。

こういう企業は、間接金融システムの地盤沈下によって、間違いなく表舞台から引きずりおろされることになる。だって、企業としての実体は大したことがないのに、信用によって何となくお金だけは回っているという状態なんだから。ところが、銀行や保険会社に乗っていた資金が流出し始めると、もはや水膨れしたバランスシートを賄《まかな》うための資金を調達できなくなって、あえなく倒産ということになるだろうね。

ということは、いったいどんな企業が生き残るのだろう。

本格的な市場経済の時代が到来

そう。言うなれば日銭《ひぜに》稼ぎをしている会社だよ。「日銭稼ぎ」なんて言うと、八百屋さんや床屋さんのように、小さな個人経営的なビジネスを連想するかもしれないけど、そうじゃない。はるかに規模の大きな会社でも、きちっとモノを作ってお金を稼ぐ。その稼いだお金の範囲内で、しっかりした経営を行っている会社のことなんだ。

無借金経営に近い、健全なバランスシートを持った会社といってもいいかもしれない。しかも、そのうえで積極的に拡大経営をしている。でも、ここで勘違いしちゃいけない。拡大経営といっても、さっき説明したような、土地などを担保に入れて、実体以上に水膨れした拡大経営とは、まったく一線を画する拡大経営であると言っておくよ。

僕が考える拡大経営とは、研究開発投資を中心に、しっかり次の時代を見据えた商品や技術、そしてサービスの開発を行っているという意味なんだ。これからの時代、どこにも負けないと胸を張ることのできる技術を持たない企業は、間違いなく淘汰《とうた》されていくだろうからね。

インフレ時代でも生き残る企業とは、日銭稼ぎが利くビジネス展開をしていて、なお、積極的な拡大経営を貫いている会社だ。個人や家計だったら、インフレ到来を予期して、早い段階から株式投資をしているということが、最低限の条件になるのと同じようにね。

ところで、間接金融に乗っかった資産運用がダメになる一方、本格的な運用時代が到来すると、企業活動のチェック体制も変わってくるんだ。

間接金融が全盛のころ、誰が企業活動を仕切っていたと思う？　もちろん、その会社の経営陣かもしれないけれど、一方で、その企業にお金を貸している銀行、生命保険会社の力は絶大だったんだ。銀行なんかは、自分のところの行員を、天下りよろしく、お金を貸していた企業に出向はおろか経営トップに据えていたくらいだからね。多くの企業は、銀行の目を気にしながら経営をしていたってことさ。

でも、その銀行が、間接金融システムの地盤沈下によって、企業に対するイニシアティブを失ってくる。その代わりとして、企業活動のチェック機能を担うのが、企業の株式を保有している株主ってことになると思うよ。

本格的な運用が普及してくれば、日本にも長期投資家がどんどん出現してくる。長期投資家は、本当に投資する先の企業の実力を見極めて、長い目でおつき合いしていこうというスタンスで株式を買う。だからこそ、その会社がちょっと間違った方向に進もうとしたら、株主としての権利、すなわち議決権を行使して、言うべきことはきちんと言う。

最近でも社会責任投資（ＳＲＩ）といって、社会貢献をしっかり行っている会社、反社会的行為に手を染めていない会社、あるいは、反社会的行為を未然に防ぐことのできるコンプライアンス（法務管理）体制をきちんと整えている会社に投資しようという動きがあるけれど、これなんかも、長期投資家として当然の行動なんだよ。

そして、本格的な長期投資家から高い評価を得た企業は、たとえ間接金融システムが地盤沈下しても、直接金融市場を通じて、今まで以上に透明性の高い資金調達ができるはずなんだ。

まさに間接金融から直接金融への一大パラダイムシフトが起こるといっても過言ではな

い。

どうだい。財政赤字の問題については、常に暗い未来像ばかりが論じられがちだけれど、見方を変えると決してそんなことはない。むしろ、本格的な運用の時代の幕が開いて、これまでの間接金融主体から、直接金融を視野に入れて、企業活動はさらに活発になっていく。そんな未来像が浮かんでこないかい。

そこに、自由競争、優勝劣敗、適者生存に支えられた、本格的な市場経済の時代が到来するんだよ。

なるほどポイント④ 自分のお金で、望ましい未来を作る直接金融

間接金融と直接金融の違いを、少しおさらいしてみようか。

間接金融とは、まず僕たちが銀行や生命保険などの金融機関にお金を預ける。その資金を金融機関が、企業などのようにお金を借りたいと思っているところに融資することによって、経済が回っていくんだ。

言うなれば、僕たちは銀行にお金を全部、丸投げにする。そして、銀行が企業の経営状況や担保能力などをチェックして資金を融資する。

そうなのだ。銀行は預金利子というコストを払って集めた僕たちの資金を、自分の好きに使って商売をするってわけ。生命保険もやっていることは同じ。僕たちの資金がどこに活用されるかは、すべておまかせ。

これが間接金融のあり方だよね。で、実際にこれまでは、間接金融が日本経済の拡大・発展に大きく貢献してきたんだ。

一方、直接金融は、銀行にすべてを丸投げにするんじゃなくて、個人個人が、自分で思い描く生き様、思い描く社会、それらにプラスになるような、あるいはその方向で頑張ってくれるような企業に、「自分で」お金を持っていく。そして、「これを使ってください」

という、そんな流れなんだね。

するると、自分の意思、自分の望み、自分の価値観を、自分のお金を使う先で反映させることができる。

　これが直接金融の一番大事なポイント。

「個の確立」が直接金融を機能させる

　要するに、間接金融の世界では金融機関の意思が、経済・社会に反映される。当然、そのなかでは、個人の意思は反映されないし、見返りは雀の涙の預金金利だけ。

　もっとも、国や経済の規模が小さくて、発展途上段階であれば、間接金融のシステムは抜群の機能を発揮する。

　なにしろ、国が経済金融全般の方向づけをして、それを銀行や保険会社に実行させることで、国中の資金をコントロールできるのだから。ただし、これは経済本来の姿ではないんだ。

　経済本来の姿は直接金融であり、自分のお金を、自分が願う社会、あるいは経済を具現化するために投入する。つまり、そこには自分の意思が働くわけ。これが直接金融の本質なんだ。

　でも、直接金融が有効に機能するためには、国民それぞれに「個の確立」がないと難しい。

自分は何がほしいのか、自分は何者なのか、自分は何を望んでいるのか。それらをじっくり考えて、自分が必要とする方向にお金を持っていく。それが投資であり、そういう資金の投じ方をすることによって、結果的に自分の思い描く社会が出来上がっていく。そして、それを享受するのは自分自身。

最近、社会責任投資という考え方が注目を集めているけれど、これなんかも、まさにその典型的なものだよね。環境破壊や、その他さまざまな社会全体の不安が高まっているからこそ、投資先の企業を選別しようという動きが強まってくるんだ。

直接金融が拡大することによって、お金を増やしたいという願いや目的だけでなく、自分の思い描く社会を築いてそこに住みたい、そういう社会をもっと大きくしていきたいという願いや目的も広がってくる。そして、自分のお金を使って、それらを社会に投影できるというメリットがある。これは非常に重要なことだよね。

自分が思う、望ましい未来に投資するのであれば、まずは自分にとって望ましい社会とは何かということを、自分でしっかり認識しなければならないし、自分の考えや望むイメージを磨き上げていかなければならない。そうすることで、自分のお金の投入先がおのずと限定・集中される。で、社会にとって望ましくない企業、価値観は、どんどん捨てられていくんだ。

このように、直接金融の世界では、取捨選択、選別というものがあたりまえのように行われていく。厳しいけれど、そこに適者生存の論理が力を発揮してくる。

ところが銀行など間接金融を代表する金融機関では、お金の出し手と取り手の間にワン・クッションを置いちゃうから、中途半端になるわけ。

財政のみの健全化は無意味

国の財政も、よくよく考えたら、税金などで国が強引に国民から所得を吸い上げて、それを国が個人に代わって、財政政策を通じて、資金として投入していったわけだけれど、これだって丸投げなんだ。今後、財政危機のさらなる深刻化、財政破綻《はたん》がクローズアップされるなかでは、今のままで本当にいいのかということを、もっと真剣に考える必要があるだろうね。

別な角度からいうと、日本の財政危機が叫ばれるなか、国の財政もいろんなところで健全化しなければいけないのだろうけど、財政のみを健全化しても、何の意味もない。

まずは、われわれ自身が経済的な自立を果たす。次に、経済的な自立を果たした個人が、日本全体に広がっていく。そうして初めて、財政の健全化につながっていくんだ。

つまり、国の財政だけを健全化すればいいという考えでは、今までと何も変わらない。それはあくまでも、間接金融的な発想にすぎないんだよ。

理想的な姿は小さな政府。国の役割は、外交や軍事など民間レベルでは困難なものに限定されるべきで、あとは国民が個人ベースで、あるいは地域ベースで行っていく。税金を国に支払うくらいなら、自分たちで出資、投資していく。あるいは地域マネーで回転させたっていい。

お金の出し手が、自分のお金の使われ方、投入先、あるいは方向性などに意思を持つことができる社会を築く。これはすごく大事なポイントなんだ。

これまでは右肩上がりの経済成長が続いたから、国や、銀行等の金融機関におまかせですんだわけ。ところが、どうやらこれまで頼ってきた相手たちが、成熟経済における金融システムとはどんなものか勉強が足りない。おまけに当事者能力も失っている。

一方で、自分たちの意思を、もっと自分の判断で直接反映させてもいいんじゃないのという人たちが増えて、どんどんお金が経済の現場へ投入されていけば、結果的に経済がよくなる。経済がよくなれば、税収も増える。そうなれば、時間はかかるだろうけれども、国家財政が健全化される。

成熟経済では、これがあたりまえの姿だし、何よりも、自分たちの意思が反映される経済・社会って、本当に素敵なものだと思わないかい?

第7章　中国が抱える経済成長の限界

さて、ここまでは「コンビニ」や「ブランド」あるいは「財政危機」というように、僕たちの生活に身近な問題を取り上げてきたけど、ここからはもっとスケールの大きな話を取り上げて、フローチャートを作ってみようか。

そうだねぇ。たとえば「中国」なんてどうだろう。かつて、世界の超大国といえば「アメリカ」と「ソ連」だったけど、社会主義体制の超大国だったソ連が崩壊して、今やアメリカが世界に冠たる覇権国家になっているよね。

でも、一国の覇権が永遠に続くなんてことはあり得ない。いつか、別の超大国が出現して、アメリカに取って代わる時代が来るかもしれない。

歴史をひもとけば、ローマ帝国や大英帝国をはじめとして、歴史の表舞台から去っていった覇権国家はたくさんあるからね。それを考えれば、アメリカの覇権がいつの日にか終わると考えるのは、むしろ歴史の必然なんじゃないかな。

では、どの国が、アメリカに取って代わるスーパーパワーになるのだろう。

そう、中国だよ。約13億人の人口を抱え、近年、目覚ましい経済発展を遂げている国。安い労働力を武器に「世界の工場」と言われ、先進諸国の注目を一身に集めている国。経済力が強まるにつれて、国際政治の舞台でも、発言力が増している。

今や、政治の世界でも、経済の世界でも、中国の存在を抜きにしては、何も語れない状況になっているんだ。だからこそ、中国経済が今後、どこに向かって進んでいくのかを考えることは、世界経済の未来を理解するうえで、とても大事なことなんだよ。

中国経済の未来は明るい？　暗い？

それじゃあね、「中国経済」と聞いて、頭のなかにパッと浮かんでくるイメージを、どんどんフローチャートのなかに埋めていってみようか。

どうかな。「膨大な人口」。そうだね、何といっても13億人。アメリカの約４・４倍もの人口を抱えているんだからね。で、「巨大市場誕生」。そうそう、人口が多ければ、そこには自然と、巨大なマーケットが出現してくるものだ。

「安い人件費」と、それに支えられた「安い商品」。今や、安い中国製品が世界中を席巻しているよね。

ちょっと前の話になるけど、ユニクロ・ブランドのフリースが、それまでの常識では考えられない安い値段で売られていたけど、あれも、中国生産のなせる業《わざ》なんだ。

「大都市の建設ラッシュ」もそうだね。上海に行ってごらんよ。沿海部を中心に、超高層ビルがどんどん建てられている。いかにも経済がグングン発展している、というイメージがあるよね。

まあ、ここまでは誰でも思いつくこと。どう？　「中国の未来は明るい」って感じがしてきたでしょ。でも、明るい未来ばかりというわけにはいかないんじゃないかな。だっ

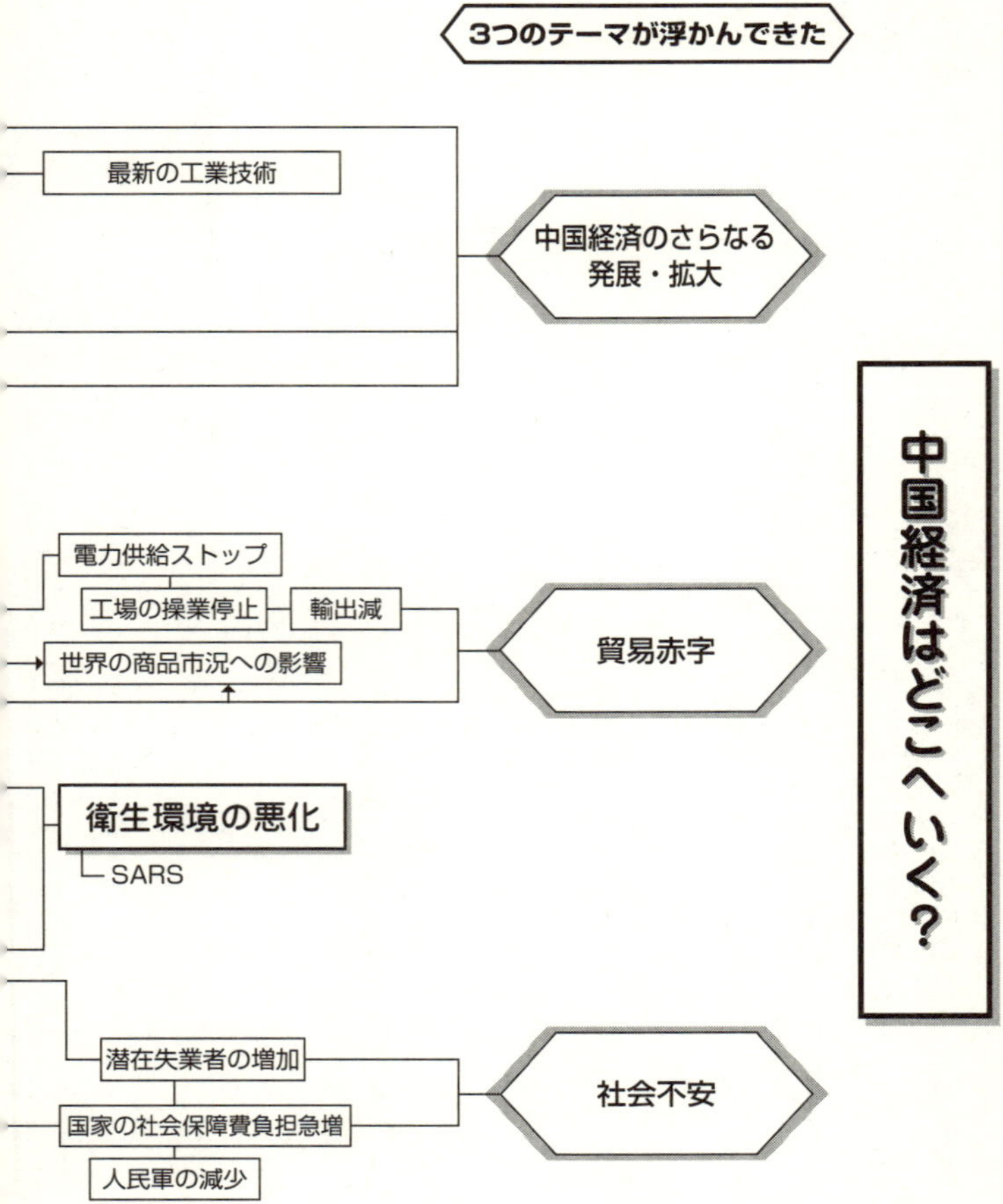
3つのテーマが浮かんできた
最新の工業技術
中国経済のさらなる発展・拡大
電力供給ストップ
工場の操業停止
輸出減
世界の商品市況への影響
貿易赤字
衛生環境の悪化
SARS
潜在失業者の増加
国家の社会保障費負担急増
人民軍の減少
社会不安
中国経済はどこへいく?

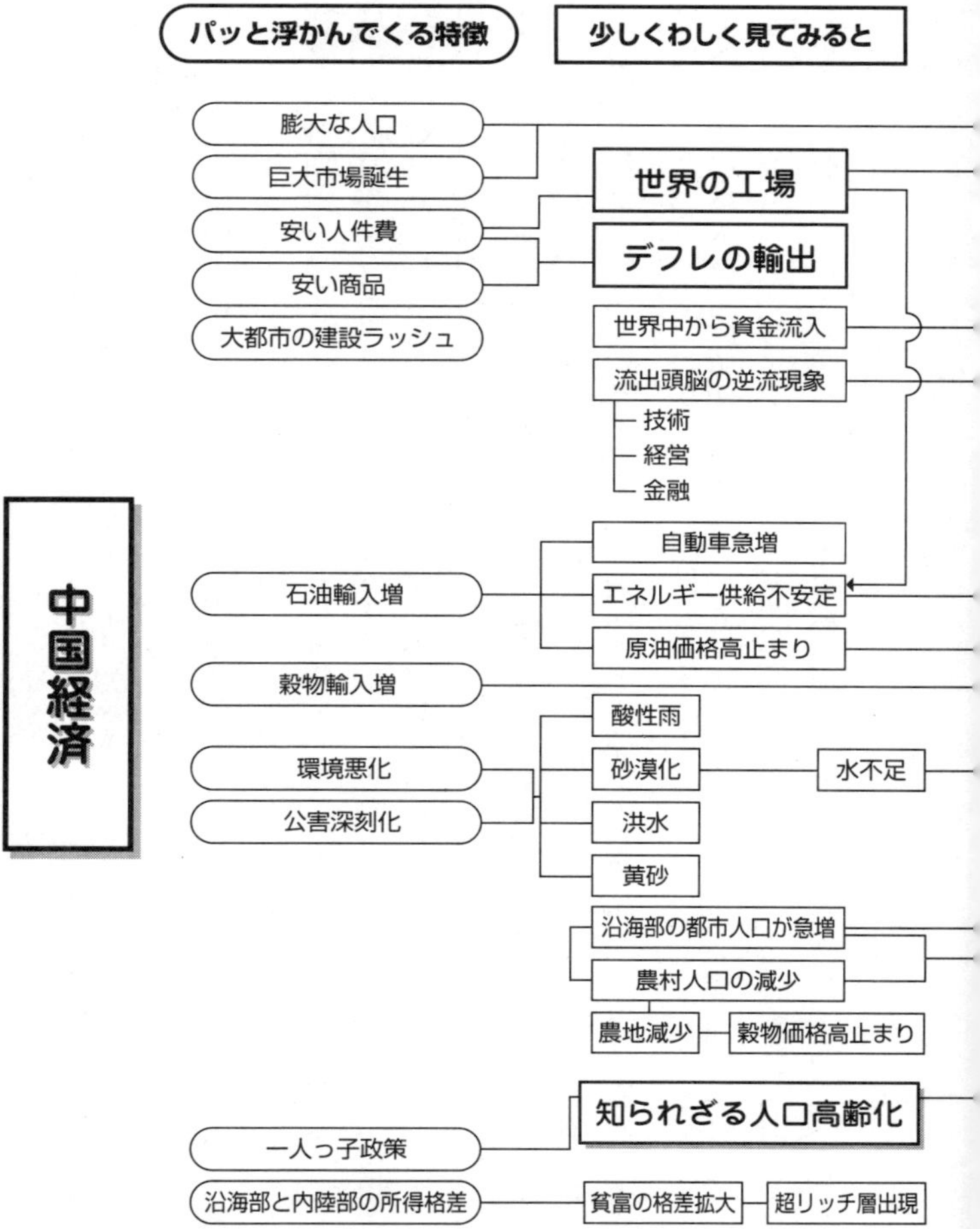
パッと浮かんでくる特徴
少しくわしく見てみると
膨大な人口
巨大市場誕生
安い人件費
安い商品
大都市の建設ラッシュ
世界の工場
デフレの輸出
世界中から資金流入
流出頭脳の逆流現象
技術
経営
金融
中国経済
石油輸入増
自動車急増
エネルギー供給不安定
原油価格高止まり
穀物輸入増
酸性雨
環境悪化
公害深刻化
砂漠化
水不足
洪水
黄砂
沿海部の都市人口が急増
農村人口の減少
農地減少
穀物価格高止まり
知られざる人口高齢化
一人っ子政策
沿海部と内陸部の所得格差
貧富の格差拡大
超リッチ層出現

て、何事もオモテがあれば、必ずウラがあるというのが、世の常だもの。

もうちょっと、突っ込んで考えてみよう。経済が発展する。工業化が加速する。そうなると、何が必要になってくる?

石油だよね。中国ではこれから、石油の消費量がどんどん増加してくるはず。その結果、いずれは膨大な量の石油輸入に頼るようになるだろうね。

環境悪化の問題も出てくる。日本だって高度経済成長期に、公害が社会問題になった。中国は、その日本よりもはるかに国の規模が大きいし、経済発展のスピードも急。それだけに、何の対策もとらずにいたら、環境悪化や公害発生がひどくなるばかりだ。

中国の経済発展に関しては、実はもっといろんな弊害があるんだ。さっきも事例に挙げた上海。建設ラッシュで「経済大国中国」を象徴するかのような風景が、沿海部を中心に広がっているけれど、ちょっと中国の内陸部に入ってごらん。そこには貧しい、昔ながらの中国の原風景が広がっている。つまり、沿海部と内陸部の経済格差、所得格差が、どんどん広がっているんだね。

そして穀物の輸入増。経済が発展すると、人は誰でも贅沢になるでしょ。日本だって昔は、「一汁一菜」ではないけれど、まあ、食卓は貧しかった。でも、高度経済成長期を経た今はどうだい? 肉や野菜、魚、それも高級食材がずらっと並んでいる食卓だって、珍しいことじゃない。で、それは中国も同じこと。

穀物や菜食中心から肉食中心へと移っていけば、家畜を育てるための飼料が、大量に必要になってくる。中国の穀物輸入は、今後、増加の一途をたどることになると思うよ。

どうだい？　中国の経済発展というと、皆、明るい未来を信じて疑っていないみたいだけれど、決してそうじゃない。いろいろな弊害も抱えているんだ。

しかも、これはなかなか気づかないことなんだけど、中国が人口増加を抑えるために行ってきた「一人っ子政策」。これが、中国の将来にとって、必ずネックになってくる。

とまあ、中国に関するイメージ、特徴がパッと浮かんできたところで、さらに発想を飛ばしてみようか。もう、何となくわかったと思うけど、中国経済の発展には、明るい面だけでなく、いろいろな問題点も含まれている。だから、明るい未来については、それをどんどん伸ばしていく。で、問題点についても、それをどんどん伸ばしていくという方法で、フローチャートを作ってみようか。

3つのテーマが浮かんできた

それじゃあ、それぞれの特徴について、もう少し詳しく見ていくとしよう。ひとつの要素を、より細かく分解することによって、また別の展開が開けるってこともあるからね。

まずは明るい未来の話からだけど、膨大な人口、そして巨大市場の誕生は、世界経済にとって発展要因になるよね。中国のマーケットに進出している欧米企業、あるいは日本企業は、実にたくさんある。で、安い人件費とあいまって、中国が世界の工場として、認識されてきたんだ。まあ、それが「デフレを輸出している」なんて批判にもつながっているんだけれど、それでも世界先進国の企業は中国に集まる。

こうなると、中国には世界中から投資先を求めたマネーが、どんどん集まってくることになる。お金が集まれば、人も集まる。中国を出て、アメリカを始めとする先進諸国で教育を受けた優秀な人たちが、今度は祖国のためにと、中国に戻っていくだろう。いわば「流出頭脳の逆流現象」とでも言うべきかな。

海外で教育を受けたり、あるいは海外の企業に勤めていた人たちが中国に戻れば、技術や経営、金融などの分野に、そのノウハウが移植されることになるでしょ。しかも、最新の工業技術まで中国に移植されれば、もう鬼に金棒だよ。中国経済はさらに発展、拡大を続けていくだろうね。

でも、さっきも説明したように、明るい未来の陰に、いろいろな問題点をはらんでいるのが、中国経済なんだ。そのへんを、もっとくわしく考えてみよう。

まず第一に、エネルギー問題が浮上してくる。だって、考えてもごらんよ。経済発展にともなって、自動車の数が激増してくる。しかも世界の工場だから、石油の消費量はうなぎのぼり。で、いずれは石油の大半を輸入に頼るようになるから、中国国内でのエネルギー供給が不安定化してくる。世界の原油価格も高止まりしてしまう。

もし、電力供給がストップなんてことになったら、工場の操業にも悪影響が生じてくる。そうなったら、輸出大国である中国の輸出が、操業不安定化の影響で減少するなんてことも、十分に考えられるよね。

そして、原油価格の高止まりに加えて、中国国内における穀物需要が増えるなか、世界の商品市況にも大きな影響が及んでくる。商品価格の高騰だよ。

もう、その時点で中国は、原油にしても穀物にしても、輸入大国になっている可能性がある。今でこそ中国の貿易黒字を支えている輸出だけど、それが減少し始めたら、今度は輸入増とあいまって、中国が貿易黒字国から、貿易赤字国に転落する恐れも出てくるんだ。

じゃあ、他の問題についてはどうかな？

たとえばこの間、SARSが大問題になったけれど、この原因を探ると、環境悪化や公害問題、それに沿海部の都市人口が急増したことなどが挙げられると思うんだ。環境悪化によって土地の砂漠化が進めば、深刻な水不足が生じる。

このままの状態で環境、衛生、公害などに有効な対策が講じられなければ、これからもSARSのような問題が、次々に発生する恐れは否定できない。

ところで、沿海部への人口移動が急激に起こるって話をしたけれど、それは、ウラを返すと、農村部の人口が激減するということでもあるんだ。つまり、農村が荒廃して、農地が減少する。これは穀物価格に大きな影響を及ぼすよね。

しかも、沿海部に人口が偏《かたよ》り、一方で農村が荒廃すれば、潜在失業者の増加につながる。

そのうえ、かつて行われた一人っ子政策で、これからの中国は人口の高齢化が急速に進む恐れがあるんだけれど、そうなったら、国家の社会保障費負担が跳ね上がる恐れも生じてくる。

国家財政はどんどん苦しくなって、人民軍を維持することも、難しくなるかもしれないよ。軍の動静って、意外と要注意だろう?

そして、沿海部と内陸部の所得格差は、そのまま貧富の格差拡大につながる。超リッチ層が出現する一方で、低所得者層が拡大する。

さて、どうだろう。環境、衛生の悪化による伝染病の発生、失業者の増加、貧富の差の拡大、そして国家の社会保障費負担が急増して、国による経済安定の保障が受けられなくなる。そのうえ、人民軍が減少して、治安が不安定になる。これらすべてを考慮すると、中国国内で社会不安が高まると考えられないかい。

つまり、これからの中国経済にとって大きなテーマは、「さらなる発展・拡大」、「貿易赤字」、「社会不安」の3つに集約されるんじゃないかな?

真の大国になれるかどうかの大きな関門

さて、3つのテーマごとに、中国経済が世界に及ぼす影響を考えてみようか。日本も、アメリカも、ユーロ経済圏諸国も、中国経済が拡大していけば、いろいろな面で、自分たちの国に影響が及ぶと思っているはず。だからこそ、中国と世界のかかわりについて、きちんと整理しておく必要があるんだ。

まずは、中国にとって明るいテーマから。仮に中国が、さらに拡大・発展を遂げていくことになったら、どんな影響が出てくるかな?

まずは世界経済のパイが拡大していくよね。何ていったって、人口13億人の国だからね。先進国の人口を全部合わせても12億人程度だから、中国が経済的に発展するということは、もうひとつの先進諸国圏が誕生するのと同じなんだ。

それだけの巨大人口を抱える国で、皆が贅沢をしたいと思うようになれば、世界経済全体にとって途方もない成長要因になるはず。すると、「中国に投資しよう」という動きが、今以上に活発になるはずだよね。まさに中国は、世界経済全体の成長促進要因と言えるんだよ。ネックを考えない限りはね。しかも、中国の経済発展を横目に、他の発展途上国もさらに経済発展を遂げようとするはず。

でもね、いいことばかりじゃない。確かに経済成長は望ましいことなんだけれど、一方で資源・エネルギーの不足を招くだろうし、中国が世界の工場としてどんどんモノを作っ

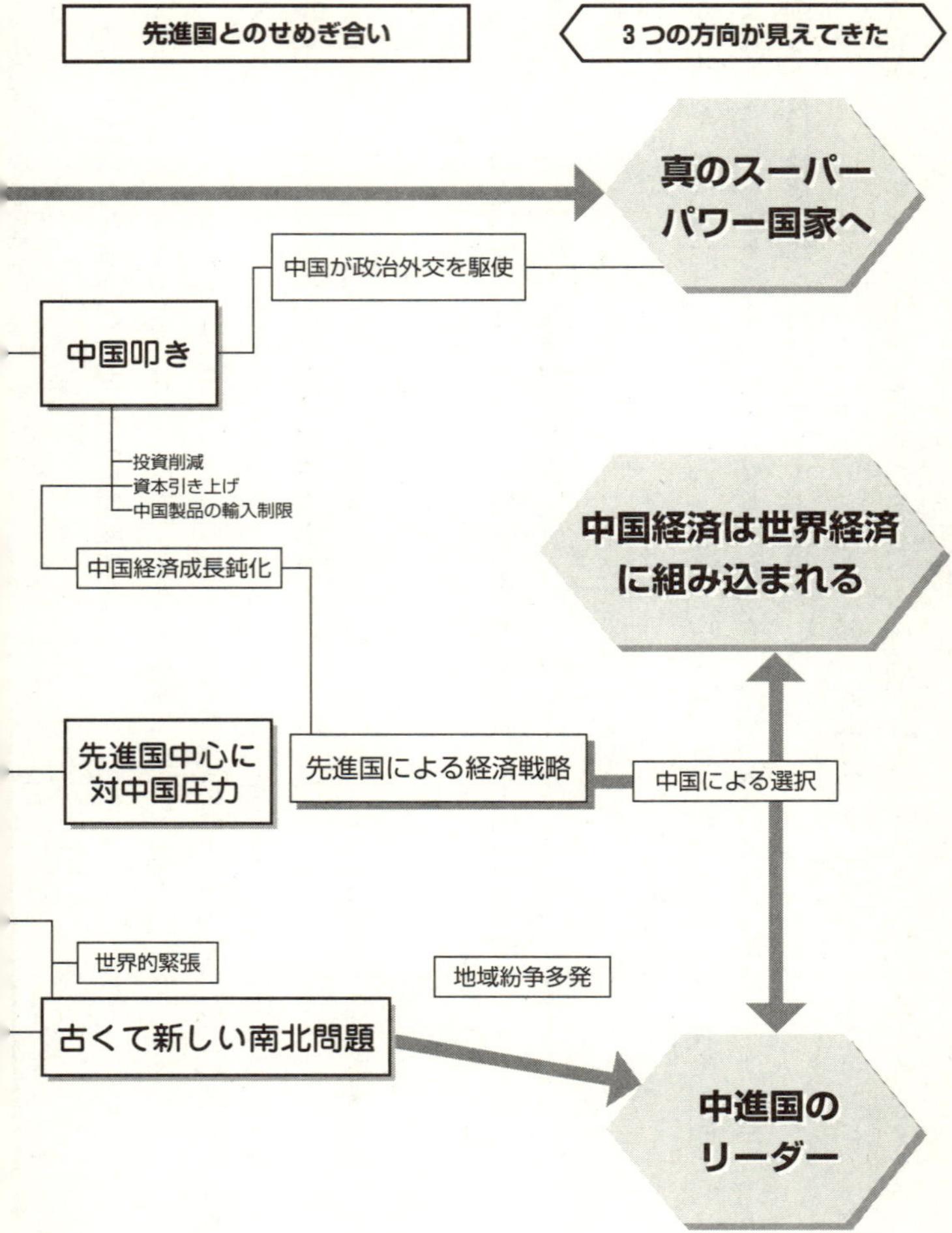
先進国とのせめぎ合い
3つの方向が見えてきた
真のスーパーパワー国家へ
中国が政治外交を駆使
中国叩き
投資削減
資本引き上げ
中国製品の輸入制限
中国経済成長鈍化
中国経済は世界経済に組み込まれる
先進国中心に対中国圧力
先進国による経済戦略
中国による選択
世界的緊張
地域紛争多発
古くて新しい南北問題
中進国のリーダー

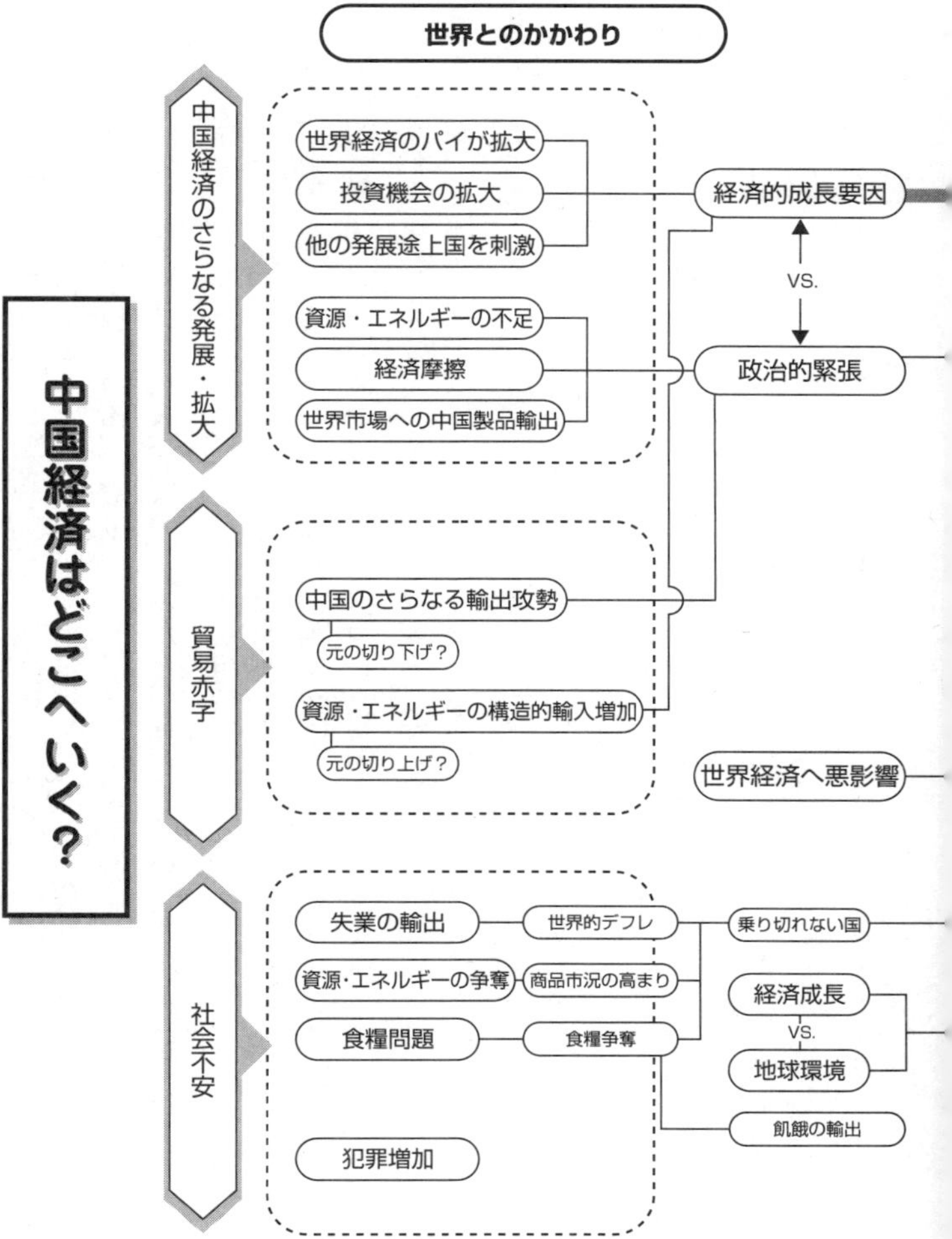
世界とのかかわり
中国経済はどこへいく?
中国経済のさらなる発展・拡大
世界経済のパイが拡大
投資機会の拡大
他の発展途上国を刺激
資源・エネルギーの不足
経済摩擦
世界市場への中国製品輸出
経済的成長要因
VS.
政治的緊張
貿易赤字
中国のさらなる輸出攻勢
元の切り下げ?
資源・エネルギーの構造的輸入増加
元の切り上げ?
世界経済へ悪影響
社会不安
失業の輸出
世界的デフレ
資源・エネルギーの争奪
商品市況の高まり
食糧問題
食糧争奪
犯罪増加
乗り切れない国
経済成長
VS.
地球環境
飢餓の輸出

て、それを海外に輸出するようになれば、経済摩擦だって浮かんでくるでしょ。

こうなると、他のアジア諸国、たとえばＡＳＥＡＮ諸国にも影響が出てくるだろうし、発展途上国へもどんどん中国製品が流れ込んだら、今度は発展途上国市場において、中国と他の先進諸国がぶつかってしまう。仮に中国製品が、発展途上国市場を席巻するようになったら、その市場を狙っていた先進諸国はおもしろくない。

つまり、中国の経済成長は、一方で政治的緊張をもたらすものでもあるんだ。で、こうした政治的緊張は、中国経済の成長の足を引っ張る要因になってくるはず。

で、政治的な緊張をうまく中国が泳ぎきったら、そこで初めて、中国が一気にのしてくる。ここが、中国が真の大国になれるかどうかの、大きな関門なんだろう。もし泳ぎきることができなかったら、中国経済は空中分解してしまう恐れもあるんだ。

次に、「中国の貿易赤字が拡大したら？」という前提で、シナリオを考えてみよう。中国にとって貿易赤字の拡大は、経済成長の阻害要因になるよね。

そこで、貿易赤字を縮小するために、中国は何をするだろうか？　実際には、中国の貿易黒字が大きく、米国との不均衡が拡大していることから、人民元を切り上げる方向で話し合いが進んでいるけれども、そこからさらに一歩進めて、中国が貿易赤字国に転落するようなことがあれば、むしろ中国政府は人民元を切り下げる動きに転じるかもしれない。

ちなみに「切り下げ」というのは、人民元の為替レートを、米ドルに対して、より人民元安の水準にするということなんだ。円に置き換えるとわかりやすいと思うんだけど、たとえば、今の為替レートが1ドル＝110円だとしたら、円の切り下げとは、1ドル＝130円とか、1ドル＝140円にするという意味。そうすれば、日本の輸出企業は、海外市場にどんどん製品を輸出しやすくなるでしょ。中国も、それと同じことなんだ。

中国が通貨安政策で輸出攻勢をかけたら、それは世界的な政治的緊張に直結する。でも、人民元を切り下げたとしても、そう簡単に貿易赤字の拡大から脱出できるわけじゃないという現実も、もう一方にはある。

中国と先進諸国とのせめぎ合い

だって、中国が経済発展を続けていくためには、どうしても資源・エネルギーを大量に消費しなければならないからね。今のままでいけば当然、近い将来には、中国は資源・エネルギーの大量輸入に頼るようになるはず。そして、中国が資源・エネルギーをどんどん輸入するようになれば、それは資源やエネルギー輸出国にとっては経済的成長要因になる。

でも、中国にとっては少しでも安く、原油・エネルギーを輸入したいと思うだろうから、人民元を切り上げたいという誘惑に駆られるだろうね。そういう、いろいろな問題をはらんでいるんだ。

ところで、中国経済に関しては、すでに先進諸国が、相当に深いところまでコミットしてしまっている。先進国企業の中国進出も盛んだしね。で、この状態で中国経済がダメになってしまうと、その影響は先進諸国にも及んでくるんだ。

確かに政治的緊張が高まることによって、その他の先進諸国は、対中国の投資を削減したり、あるいは資本の引き上げ、中国製品の輸入制限といった中国叩きを行うかもしれない。それによって、中国経済の成長が鈍化する可能性もあるだろうね。

でも、今も言ったように、中国経済がダメになると、悪影響が世界の先進諸国にも及んでくるから、最終的には、先進諸国が中国を支援する形で、協調を図るようになるかもしれない。

この流れが進んでいくと、中国が先進諸国に従属させられ、経済的に支配されるケースも出てくる。まさに、中国と先進諸国との間で、さまざまなせめぎ合いが起こるんだ。

で、もうひとつの流れとしては、仮に中国が政治外交力を発揮して、中国叩きをうまくしのぎきったとしよう。そうなれば、中国は真のスーパーパワー国家になるはず。つまり、近い将来に起こるであろう中国叩きをうまく乗り切れるかどうかによって、中国が真のスーパーパワー国家になれるか、それとも先進国主体の世界経済に組み込まれるかが決まってくるんだ。

中国の社会不安が経済発展を阻害する？

そしてもうひとつ。中国と世界の将来を考えるにあたっては、社会不安の問題も無視できないだろうね。

中国が世界の工場になれば、失業を輸出することになる。意味がわからない？　つまりね、先進諸国を始めとする世界の国々の企業が、こぞって中国進出を果たせば、当然、それらの国々では、雇用機会が失われることになるよね。つまり、中国が世界の工場として発展していくほど、他の国々では失業率がアップする恐れがあるんだ。

しかも、中国では値段の安い製品を大量に作るから、世界的なデフレにつながる恐れがある。

さらに、資源やエネルギーの争奪戦は商品市況の乱高下、食糧問題は世界的な食糧争奪を招く。こういう混乱を乗り切れる国と、翻弄《ほんろう》されて乗り切れない国が出てきて、それが世界的な緊張につながることもあるだろうね。

しかも、ここに環境の悪化が重なってくる。そこで「経済成長か、それとも地球環境か」という、古くて新しい南北問題が出てくるんじゃないかな。

地球環境は大事、でも、そうは言っても経済的に成長したいという発展途上国がある。成長しなければ食っていけないからね。ところが、その一方で先進諸国は、環境が悪化するからダメだという。まさに南北問題そのもの。

で、こうした一連の世界的社会不安は、地域紛争の多発につながる恐れがある。資源の争奪や商品価格の高騰、それらに乗り切れない国が出てきて、そうした流れに中国が翻弄されるケースも考えられるよね。そして、経済成長はスローダウン。こうなると、中国経済は実は、世間で言われているほど発展・拡大しないかもしれない。

どうだろう。意外な展開が見えてきたよね。確かに中国は、今のポテンシャルをもってすれば、真のスーパーパワー国家になれる可能性がある。

でも、国際政治の波に翻弄されると、第二の日本経済ではないけれども、世界経済に組み込まれるケースが生まれてくる。

一方で、中国は経済よりも政治的影響力で、世界中に存在感を高めていく可能性もある。地域紛争の多発などをうまく処理していくことで、先進諸国の仲間入りどころか、中進国のリーダーとしての地位を盤石なものにしていく道もあるんだ。

さて、その先はどうなるのか。中国自身は、この3つの方向のうち、どれを選ぶのだろうか。何かと興味深いテーマだけど、いずれを選ぶにしても、近い将来において中国が、世界経済のキャスティングボートを握ることだけは確かだろうね。

なるほどポイント⑤ 日本が経済大国として、中国を支えるという論理

中国の問題は、13億人の将来がかかっていることなので、あまり軽々しいことはいえない。けれど、日本が42年間にわたって高度経済成長を続けたという、世界の歴史にも例のないような右肩上がりの成長と同じことが、これからの中国にも起こるかどうか。日本の今までの成功をそのまま投影させて、中国の将来はすごいという考え方が一部にあるけれども、それは、かなりの部分において、個人的には疑問を感じざるを得ないんだ。

なぜなら、日本には、日本独自の発展する要因があったから。

たとえば、人々の教育水準が非常に高かった。識字率が高かった。それは、ものすごい優秀な労働力だよね。

なおかつ日本人は性格的におとなしいし、非常にやさしい。もっと言えば、民族的にまとまりのいい、おおむね均質的な人種だよね。

そういう人たちが一丸となって、国家建設、経済建設にひた走った。そういう状況を、中国やインドなどの経済新興国に投影させた時、果たして日本と同じ道をたどるのかなと。スタートの時点でずいぶん違うと思わざるを得ないんだ。

中国が日本に追いつくには20年かかる

中国の大発展のなかに、すでに沿海部と内陸部との経済格差とか、いろんな問題が起こっているよね。

あるいは10年後には、日本を上回る勢いで少子高齢化社会に突入してしまう。で、そういう流れのなかで、はっきり認識しなければならないのは、中国経済が今のように、年8~9%の成長をガンガン続けて、それが本当にあと20年間続いたとしても、それでやっと現時点の日本と同じ経済規模になるということ。

まあ、人民元が日本円に対して、今の2倍になってくれれば、それは10年で達成できると思うよ。でも、円と元の関係が今のまま続くとしたら、計算上は20年もかかるんだ。

だから、逆の見方をすれば、それほど日本経済は巨大だということ。日本経済は巨大だから、われわれが中国経済に押し切られて、振り回されて、何もかもめちゃくちゃにされるという強迫観念を抱いているとしたら、それは、錯覚なんだね。

つまり、日本経済がどっしり発展していったほうが、中国経済の安定的な発展につながるんだ。むしろ、中国経済の発展のカギを握っているのは、日本経済なんだよ。

だから、安易な円安論に僕は反対。むしろ円高にして、中国から日本への輸出をうんと増やしてやる。そうすれば中国経済の発展に寄与することができる。

ところが、何かしらの錯覚で、日本は明日にでも中国に飲み込まれてしまうなどと考えているると、皆、中国になびいてしまう。たとえば日本企業の工場が、どんどん中国に進出していく。そうなったら、日本国内はよけいスカスカになってしまう。

その結末はどうなるか。4分の1の経済規模しかない中国が一生懸命頑張っても、4倍の経済規模を持つ日本経済がガタガタだと、中国は日本を飛び越えて、アメリカに頼るようになってしまう。そして、ますます日本は置いてけぼりを食ってしまう。この論理を、日本の政治家や官僚は理解していない。

まだ、日本は東洋の一小国というイメージを持っているんだね。だから、円安論ばかりやっている。

円安誘導という近隣国窮乏化政策を続けて何がいいのか。成熟経済に入った日本は大きい国なんだ。だから、中国経済はいろんな意味で不安面が多いけれど、その不安面を減らすのに大事な政策、考え方は、何よりも日本経済を安定化させること。

もっともっと、経済大国として中国経済を支えてあげる、環境問題などの解決を手伝ってあげる。そういう国家戦略というか、経済運営の論理が、日本には見られない。また、そういう政策をとるようにすれば、日本は、尊敬されるアジアのお兄さんになってくるよね。

確かに部分部分で見れば、中国経済は人口が多いだけに、原油の輸入量などが日本を上回ることはあるだろうね。でも、経済は量の問題じゃない。あくまでも大事なことは、動いたお金の量なんだ。その動いているお金の量が、日本は中国の4倍もある。その経済規模の違いは、重々理解しておいたほうがいいと思う。

中国経済を個別に見れば、非常にものすごいスピードで発展する部分がある。これに対して、どんどん投資が行われたり、ビジネスチャンスが出てくるのは当然だけれど、世界経済全体を考えた場合、はるかに巨大な規模を持つ日本経済がもたもたしていると、かえってまずい。

「中進国のリーダー」としての中国

最近は「中国経済が日本経済に及ぼす影響」とか、「中国投資の未来」などが、やたらと注目を集めるけど、でも本当は違う。考えるべきは、日本経済の未来なんだよ。

ありていに言ってしまえば、中国経済が日本経済に追いつくのは、非常に難しい。だけども、必死になって伸びてくる中国の姿が、アジアのこれから伸びてくるいろいろな国にとって、非常に頼もしい存在になるのは事実。かつて日本の勃興《ぼっこう》が、トルコに影響を与えたようにね。

今後も中国は日本を目指してくるだろうけれども、他の国は中国を見習おうとするはず。フローチャートのなかで出てきた、「中進国のリーダー」とは、まさにそのことを指しているんだ。

もちろん、中国は世界でも最大の人口を武器にして、欧米と肩を並べるスーパーパワーにのし上がろうとする、いや、のし上がろうという努力はするかもしれない。中国には外交力や政治力があるから、それらを駆使して、表向きはスーパーパワーになれるかもしれない。

けれども、その人口の多さがネックとなって、中国自身の足を引っ張る可能性だってあるんだ。たとえば、食糧不足のうえに、食糧の確保ルートが断ち切られたら、いったいどうなるのだろう。エネルギーだって、いずれは輸入大国になるのに、そのエネルギー供給ルートが断ち切られたら、中国経済の成長はたちどころにストップしてしまう。

それだけのマイナス面を抱えているのだから、中国経済を必要以上に脅威に感じる理由はどこにもないわけ。その前に、アジアのリーダーになるべく、日本経済の再生・発展をもっと真剣に考えることが肝心。

中国問題を語る前に、まずは日本問題をどうにかするべきというのが、本章の結論だろうね。

第8章　日本が「エネルギー大国」になる日

中国経済が今後、どの方向を目指して進んでいくのか。世界の先進諸国にとっては非常に興味深い問題だと思うんだけど、ひとつはっきりしていることは、13億人もの人口を抱える超大国の経済発展が、さまざまな形で、世界に大きな影響を与えるってことだね。

エネルギー問題も、まさにそれ。中国の経済発展でエネルギー消費量が加速度的に増えれば、世界中で再びエネルギー問題が浮上してくる恐れが高まってくるんだ。

まあ、この問題の原因は中国経済の発展だけがすべてというわけではないんだけれど、いずれにせよ、世界経済はエネルギーに絡んださまざまな問題に直面するだろうということは、何となく想像がつくよね。原油の不足もそうだし、公害問題も出てくる。当然、そのソリューションを考えていかなければならない。

そして、エネルギー問題をしっかり考えていくと、そこには新しいビジネスの種が眠っていることにも気づくんじゃないかな。何といっても、エネルギーは世界最大の産業でもあるんだ。

かつて、日本でもITバブルが起こって、それこそ猫も杓子《しゃくし》もIT、ITと大騒ぎしたけれど、エネルギー産業の規模はそんなもんじゃない。この分野でイニシアティブをとることができたら、それこそ莫大な富を手中に収めることができるのは確実なんだ。

えっ？「日本にはエネルギーそのものがないからダメだ」って？

確かに、日本には油田がほとんどない。国内で消費されている原油の大半は、海外からの輸入に頼っている状態だけれど、世界の原油埋蔵量そのものが、近い将来、底をつこうとしている。別に、日本に油田がないからといって、世界のエネルギー競争に勝てないというわけではないと思わないかい？

おっと、少し口が滑っちゃったかな。なぜ、日本が世界のエネルギー競争に負けないのか、それは、フローチャートを作りながら、じっくり考えることにしよう。

世界の原油埋蔵量はあと30年分？

それじゃあ、どこから手をつけようか。

まあ、エネルギー問題ともなると、世界的なテーマだから、フローチャートを作るにしても、とっかかりが難しいかな？

あまり奇をてらわずに、ふと浮かんだ言葉を最初に置いてみようか。「エネルギー問題」というと、何やら漠然としているけれど、マスコミなどを通じて頻繁に耳にする言葉は何かな？

そう。まずは「石油」のこと。何といっても、僕たちが消費しているエネルギーの大半は、石油からもたらされているよね。

で、その石油の何が問題なんだろう。石油が……、「足りなくなる？」。そう。アメリカのテキサス、イギリスの北海油田、中東にロシア。世界中のいろいろな地域に、大油田が広がっているんだけれど、それらの埋蔵量は、あと30年も経てば枯渇してしまうと言われているね。石油は「限りある資源」なんだ。

で、石油が足りなくなるなら、そのソリューションとして、何が考えられる？

太陽電池？　いやいや、この手の代替エネルギーが登場する前に、もっと身近なところで問題になっているエネルギー源があるでしょ。

そう、「原子力発電」だよ。原発そのものの安全性や、核廃棄物処理の問題など、世界中でいろいろと議論が繰り広げられているけれど、少なくとも日本では、原発が石油に代わるエネルギーという位置づけで、学者も政治家も官僚も、そして電力会社も皆、力を入れているよね。

さあ、もういいんじゃない。今回のフローチャートは、「石油」と「原発」をキーワードにして、書き進めていってみようよ。

それじゃあね、まずは「石油」から。さっきも言ったけど、世界中の油田に眠っている原油の埋蔵量は、あと30年分程度。でも、本当にそんなにもつんだろうか。だって、前章の中国経済でも触れたけれど、中国やインドのように、巨大な人口を抱えた国が、どんどん経済的に発展してきているでしょ。経済発展が加速するほど、エネルギー消費量は増えていく。たとえば中国なんて、２００５年の原油輸入量が需要量の42・９％しか確保することができず、ガソリン不足でガソリンスタンドに長蛇の列ができたくらいなんだ。ここ数年で原油価格が急騰したからなんだけど、当分、中国では原油不足が続きそうだよね。

自動車の保有台数を比較しても、中国がエネルギー輸入大国になるだろうということは、簡単に想像できちゃう。だって、アメリカが人口２億９８００万人に対して、自動車の数が２億２０００万台。日本は人口１億２８００万人に対して、自動車の数が７０００万台なんだけど、中国だって、人口13億人に対して、自動車の数が２３００万台にも達している。

もし、中国が急速に経済発展を遂げて、アメリカのようにひとり１台という状況になったら、中国の道路を走る自動車の数は、何と10億台を超えてしまうんだよ。だからこそ、中国は巨大マーケットとして、世界の自動車メーカーがこぞって進出しようとしているんだけど、でも、これだけ自動車の数が増えれば、石油不足なんてあっという間。大変なことになっちゃう。

もちろん、原油の埋蔵量はあと30年分などと言われているけれど、まだ新しい油田を開発するという手は残されている。新たな油田開発を行えば、採掘可能な年限をさらに延ばすことも可能かもしれない。

でも、新しい油田を開発するには、相当のコストがかかるし、石油が眠っている地域の政情不安問題もある。特に石油を始めとする鉱物エネルギーは、いわば天の恵みともいうべきところがあって、埋蔵地が地球上に偏在している。

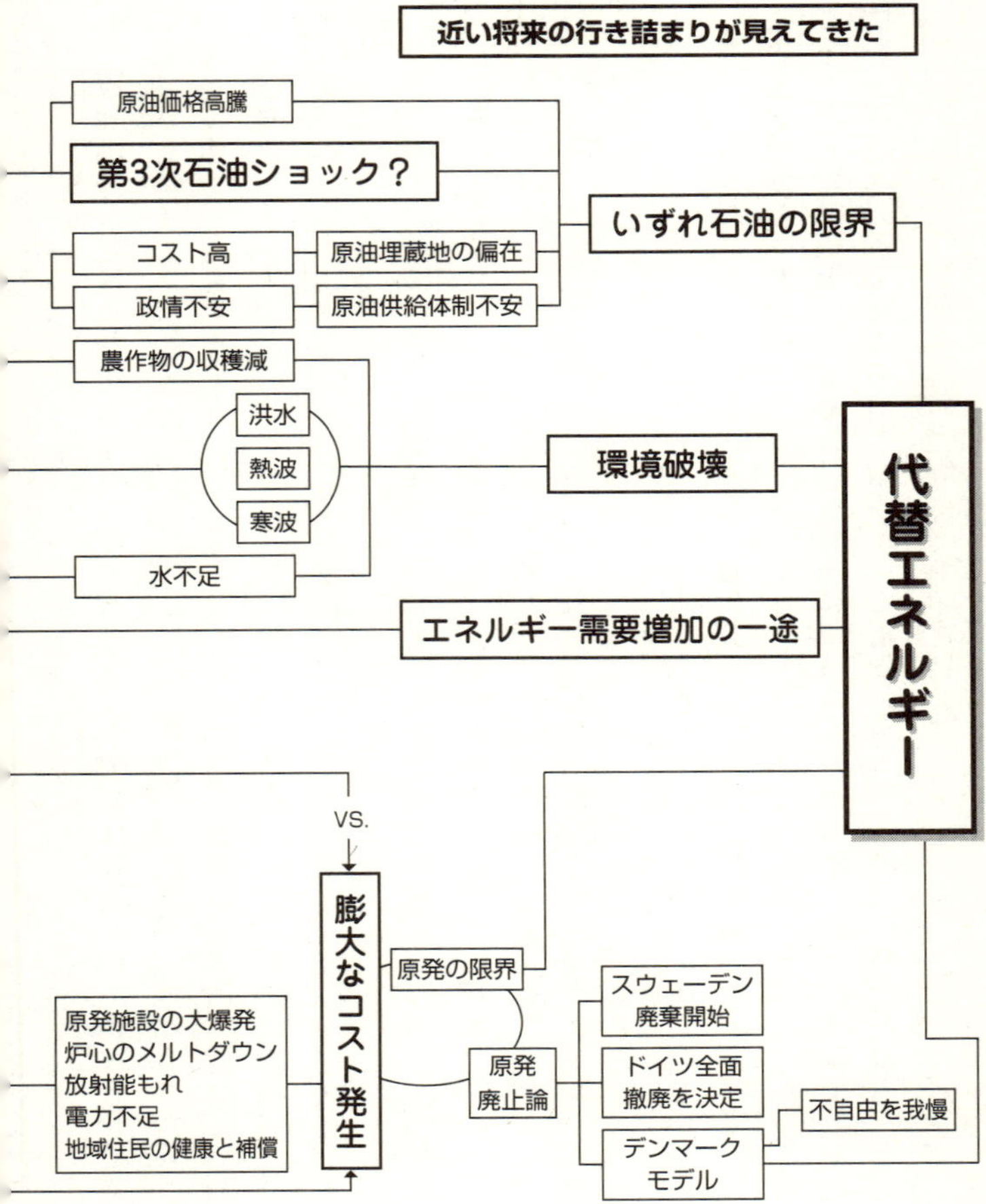

近い将来の行き詰まりが見えてきた
原油価格高騰
第3次石油ショック？
いずれ石油の限界
コスト高
原油埋蔵地の偏在
政情不安
原油供給体制不安
農作物の収穫減
洪水
熱波
寒波
環境破壊
水不足
エネルギー需要増加の一途
代替エネルギー
VS.
膨大なコスト発生
原発の限界
原発施設の大爆発
炉心のメルトダウン
放射能もれ
電力不足
地域住民の健康と補償
原発
廃止論
スウェーデン
廃棄開始
ドイツ全面
撤廃を決定
デンマーク
モデル
不自由を我慢

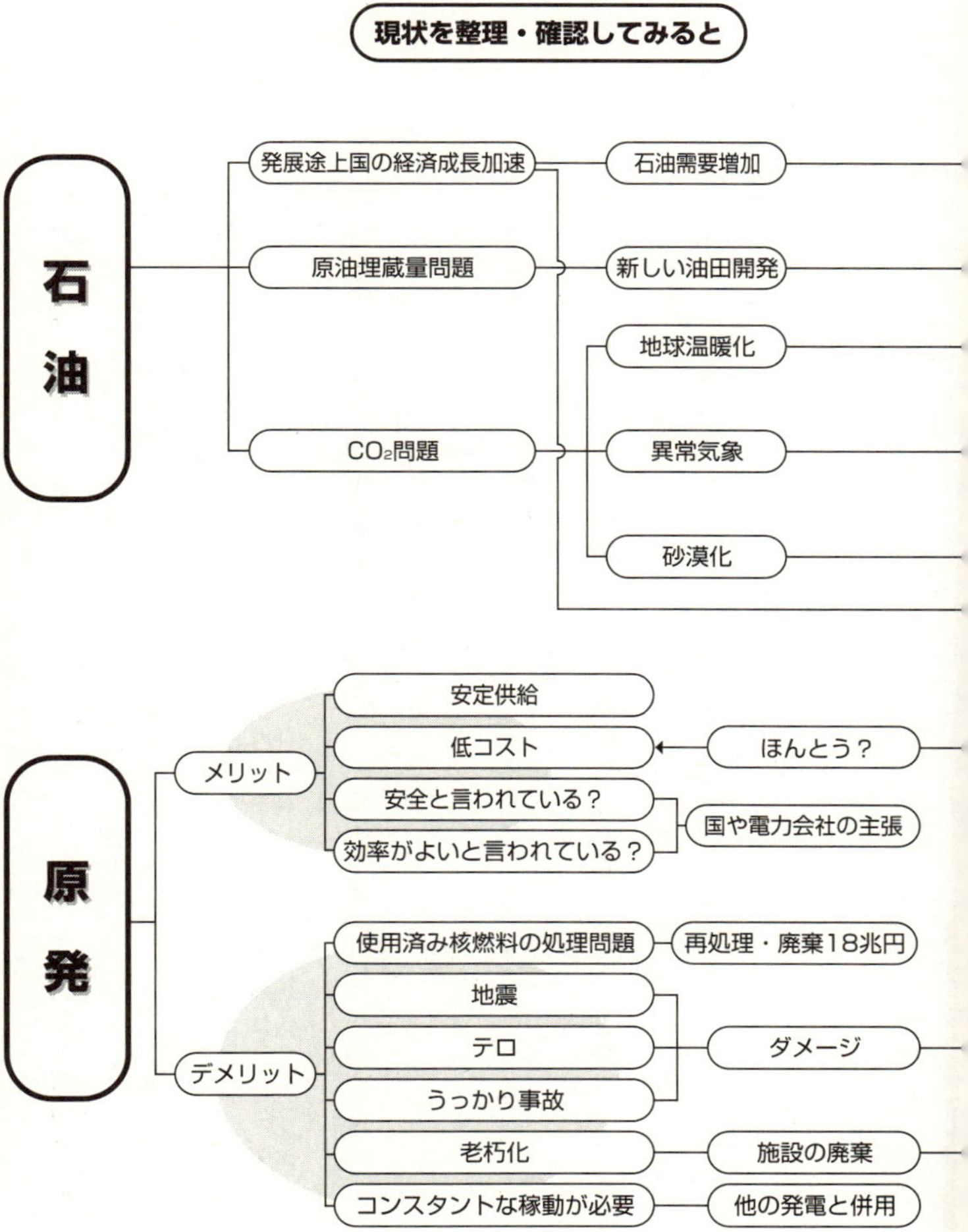
現状を整理・確認してみると
石油
発展途上国の経済成長加速
原油埋蔵量問題
CO2問題
石油需要増加
新しい油田開発
地球温暖化
異常気象
砂漠化
原発
メリット
安定供給
低コスト
ほんとう？
安全と言われている？
効率がよいと言われている？
国や電力会社の主張
デメリット
使用済み核燃料の処理問題
再処理・廃棄18兆円
地震
テロ
うっかり事故
ダメージ
老朽化
施設の廃棄
コンスタントな稼動が必要
他の発電と併用

とんでもない僻地《へきち》の油田を開発するには、採掘した原油を運搬するための手段を講じるだけでも、相当の手間ひまとコストがかかるよね。もはや石油を世界のエネルギー源の主軸にするのは、あらゆる意味で限界に近づいているんだ。

そのうえ、環境問題もある。自動車の排気ガスもそうだけど、鉱物エネルギーを燃やすことによって発生するCO_2（二酸化炭素）の影響で、地球の環境が破壊される恐れが高まっている。

特に、このCO_2問題は、地球温暖化現象や異常気象、砂漠化現象といった環境問題につながるということで、今や世界的に問題視されている。

というのも、地球温暖化現象は農作物の収穫減につながるし、異常気象は洪水や熱波、寒波などをもたらす。そして、砂漠化現象は世界的な水不足につながるということで、僕たちの生命維持にも、大きな弊害をもたらす恐れがあるからさ。

でも、こうした問題点があるにもかかわらず、世界のエネルギー需要は増加の一途をたどっているところが、悩ましい問題なんだね。世界各国が経済成長を目指して動き始めているだけに、エネルギー需要の増加は、どうしても無視することができない。だからこそ、石油に代わる、新しいエネルギー源が求められているんだ。

原発は石油の代替になるか？

まあ、石油資源の限界については、ずいぶんと昔から取り沙汰《ざた》されているんだけど、そこで、限りある石油資源を補完する意味もあって登場してきたのが、原子力発電だよね。すでに完全実用稼動していることを考えれば、石油不足の時代においては最も手軽なソリューションかもしれない。

でも、どうだろう。皆は原発の普及を安心して見ていられるかい？　ちょっと古い話をすれば、チェルノブイリの事故があったし、日本でも原子力発電所のトラブルが相次いだよね。

それじゃあ、まずは原子力発電のメリットとデメリットを簡単に整理してみようか。まずはメリット。国や電力会社なんかがいろんなことを言っているけれど、それをそのまま引用してみようか。

たとえばエネルギーの安定供給。原子力発電に必要なウラン資源は、日本国内に乏しいので海外からの輸入に頼っているんだけど、その調達先はカナダやオーストラリア、イギリスというように、政情的にも安定している国が中心。しかも、ウランは再利用が可能なので、エネルギー源として安定しており、低コストなんて言われている。

安全性についてはというと、原子力発電は原子爆弾と違って、ウラン燃料に含まれる「ウラン２３５」という物質の含有率が、わずか４％と少ないため、きわめてコントロールしやすいとのこと。しかも、発電施設は岩盤の強固なところに建てられており、直下型地震がきても大丈夫なんて説明されている。つまり、「原子力は安全なエネルギー」と言いたいんだね。

そして効率性。１００万キロワットの発電所を1年間稼動させるのに必要な燃料は、石油１３１万トンに対して、原子力発電の燃料になる濃縮ウランだと、たったの21トン。少ない燃料で多くの発電ができる。つまり、効率性が高いということなんだ。

でもまあ、安全性や効率性については、あくまでも国や電力会社、御用学者が唱えていることだから、これを鵜呑《うの》みにすることはできない。メリットがあれば、デメリットもあるはずで、その両方について考えてみよう。そうすれば、フローチャートも次の段階に進めるかもしれないよ。

原発のトータル・コストはかなり膨大

たとえば使用済み核燃料の処理問題。発電をするのに使用したウランやプルトニウムは、いずれ劣化していくんだけど、それをどうやって処理すればいいのかが大きな問題になっている。

下手《へた》に海にでも捨ててしまったら、人類の生存にとって大事な海洋資源が、放射能に汚染されてしまうからね。地中深く埋めるのもはばかられるし、いっそのこと宇宙にでも飛ばしてしまおうか、などと関係者が悩むほど、使用済み核燃料の処理は、頭の痛い問題なんだ。ちなみに再処理施設を造るには、2兆円程度の資金が必要と言われている。

他にもいろいろあるよ。地震やテロによる施設の倒壊、破壊。マグニチュード6・5の直下型地震にも耐えうるとは言われているものの、それを超えるマグニチュードの地震が絶対にこないとは言えないよね。あるいは、うっかり事故によって、原子力発電所が大きなダメージを被《こうむ》ることもあるだろうし、何よりも施設の老朽化という問題もある。さらに、施設を長持ちさせるためには、常に発電所を稼動させておかなければならない。

どうかな？　本当に原子力発電は僕たちにとってメリットのあるものなのか、疑問に思えてきたんじゃない？

確かに、エネルギーを作るという意味ではコストが低いのかもしれないけれど、使用済み核燃料の再処理や、老朽化した発電所の廃棄など、すべてのプロセスに必要なコストを考慮すると、かなり膨大なコストが発生してしまう。発電施設にダメージが発生したら、安全性だって保証できるものじゃないよね。しかも、施設のダメージで近隣住民の健康に被害が及んだら、その補償でさらにコストが跳ね上がっちゃう。

つまり、原子力発電の可能性については、国や電力会社が喧伝《けんでん》しているほどではないということ。今ではスウェーデンが原子力発電所の廃棄を開始したし、ドイツも全面撤廃を決定。原発廃止論が世界的に広がりつつあるんだ。

石油も限界、原発も限界となったら、次にどんなソリューションがあるんだろう。我慢するって？　確かにそれも方法のひとつだね。実際、デンマークあたりでは、国をあげてエネルギー使用量を節約する一方、風力発電を駆使することによって、電力の自給率を飛躍的に高めている。そう、風力発電を始めとする代替エネルギーを使って、鉱物エネルギーや原子力エネルギーの問題を解決するための方法を考えることができるんじゃないかな？

驚くほど進んでいる代替エネルギーの研究

「代替エネルギー」という言葉から連想する、新しいエネルギーって、何があるかわかるかな？

太陽電池？　そうだね。これは昔からある技術で、屋根にソーラーシステムを取り付けている家もあるから、想像しやすいよね。他には？

風力発電。よくテレビなんかで、でっかい風車がぐるんぐるん回っているところを見たことのある人もいるんじゃないかな。

それから？　もう打ち止め？　そうだねぇ。太陽電池と風力発電は、何となくイメージできても、それ以外の代替エネルギーになると、なかなか思い浮かんでこないかな。でも、実は代替エネルギーの研究はかなり進んでいて、これら以外にもいろんなエネルギー供給のシステムが考えられているんだ。

たとえば燃料電池。「電池」といっても、乾電池を想像しちゃダメ。乾電池は使い捨てだけど、燃料電池は、水素と酸素を化学反応させて電気を作る装置のことで、どちらかといえば「発電装置」に近いイメージだね。

バイオマス発電なんてのもあるよ。廃材などの有機物を利用して発電させるもので、これなんかはもうかなり実用に近い段階までできているんだ。

もっと言えば、下水発電や海洋温度差発電、波力発電、海流発電など、まあ、実験段階に入っている代替エネルギーはたくさんあるんだけど、今、実用に近い段階まできているのは、風力発電、太陽電池、燃料電池、バイオマス発電といったところ。このへんの現状を、もうちょっと詳しく見てみようか。

まずは風力発電からね。風力発電にとって何が一番大事だと思う?

そう。風だよね。風力発電でエネルギーを安定供給するためには、風が安定して吹いていることが大前提。さっき、デンマークモデルの話をした時、デンマークが風力発電を活用していると言ったけれど、それは、安定的に風を受ける地域だからなんだ。同じように、風力発電に力を入れているドイツ、アメリカもそう。大陸に安定して吹く風が、風力発電によるエネルギーの安定供給につながっているんだ。

でも、日本で風力発電を試みようとすると、地形の関係でどうしても風が安定しないという問題に直面してしまう。しかも国立公園などもあって、景観の関係から、巨大なプロペラを持つ風力発電装置を作りづらいという問題もあるんだ。

もちろん日本の場合、技術力はある。でも、デンマークやドイツ、アメリカといった、風力発電先進国に並ぶことができないのは、ひとえに風力発電を行うには不利な地形の問題があるからといえるだろうね。

洋上風力発電が日本でブレイクする？

そこで、日本ならではの風力発電として、洋上活用が浮上してくるんだ。何と言っても、日本は海に囲まれた国。しかも海風は、陸地に吹く風に比べて3倍の風力があると言われている。これを利用しない手はないよね。

同じように、三方が海に面しているデンマークも、洋上活用には積極的になりそうだけど、洋上活用がうまくいけば、日本はその他の風力発電先進国に一気に肩を並べる、いや、それどころじゃなくて、追い抜いてしまう可能性だってあるんだ。

それじゃあ、なぜ洋上活用が日本で行われないのかって？　もちろん、技術的にはかなりいい線までできているんだけど、いくつかの問題があるのは事実。

たとえば漁業権の問題。洋上活用の風力発電は、巨大なフローターを海に浮かべて、そこに何基ものプロペラを設置しなくちゃならない。それだけの巨大施設を沿海部に作るんだから、漁業権の問題が出るのも当然なんだけど、これは最終的には政治的決着になるだろうね。国家的戦略として、エネルギー問題をどこまで政治家が真剣に考えるか。そこにかかってくると思うよ。

台風の問題もあるね。風力発電は、どうしても巨大なプロペラを持つ設備が必要なんだけど、これって突風が吹くと、どうしても折れてしまう危険があるんだ。また、あまりに巨大だから、景観を損ねたり、あるいはプロペラが回転する音がうるさいという問題もある。

で、こうした問題を解決するためには、たとえば「ダリウス型」といって、要は軸に対して垂直に回転する回転翼をつけた風力発電施設を作るという手もあるんだよ。このダリウス型の設備は、かなり技術的に進んできている。だから、この技術をもとにして、風力発電が日本でブレイクするのも近いんじゃないかな。プロペラ型風力発電施設の限界を突き抜けるためのソリューションだね。

最後に、洋上発電を行う場合、送電をどうするかという問題がある。送電線を張っても、送電する途中で抵抗が生じて、電気を伝達する効率が悪くなってしまう。おそらく、洋上発電を行うにあたっては、この送電の問題をいかに技術的にクリアするかが、大きなカギを握っていると思うよ。

ひとつの方法として、洋上で発電した電力を利用して海水を電気分解して水素を取り出し、それを水素貯蔵合金に貯蔵する。ただし、水素貯蔵合金は非常に重くて、運搬にも手間がかかるから、水素をいかに効率的に貯蔵するかがネックになっている。その技術開発競争が、これから一段と激しくなると思うよ。

でも、それもナノ・テクノロジー（極細な単位を扱う技術）を用いた技術など、新技術を活用することによって、一気に普及する可能性が出てくる。

太陽電池や燃料電池は実用化寸前の段階

次に太陽電池。この技術の先進国は、日本とドイツ、アメリカくらい。で、日本では「太陽電池は発電が不安定」というのが通説だよね。ぼんやりとしたイメージなんだけど、日照時間の問題や、雨が降ったらダメという感じ。

でも、実際にはかなり技術的には進んでいて、ドイツやアメリカあたりは、発電に有利な場所を選んで、実証実験を繰り返し、結構いけるんじゃないかというところまで来ている。

ところが日本では、電力会社あたりが「電力供給が不安定だ」とか何とかいちゃもんをつけて、それがぼんやりとしたイメージを作ってしまっている。

ただ、日本は世界最大の太陽電池生産国でもあるんだ。電卓なんて、超小型の太陽電池がついているでしょ。世界最大の太陽電池生産国でありながら、一方で、電力会社などのプロパガンダによって、発電が不安定という漠然とした認識が広まっている。

だから、ドイツやアメリカで行われている実証実験が成果を上げてくれば、一気にどーんとブレイクスルーしてくる可能性がある。海外での実証実験に、日本の太陽電池技術が加われば、本当に大きな流れになるよね。

ちなみに、日本のソーラーハウス設置の補助金に使われている国家予算は、年間で20億円程度。すぐに使い切っちゃう。この桁をもう一桁、二桁上げてやれば、つまり、政治も含めて国家戦略として本腰を入れれば、一気に普及する可能性があるんだ。

常に政治の問題がつきまとうのは、さっきの風力発電も一緒だね。

3つ目は燃料電池。この技術の先進国は、日本、アメリカ、カナダ、そしてドイツ。この技術はすでに、自動車や家庭用、工業用での応用が、相当程度まで進んでいるんだ。自動車は燃料電池車が走り始めているし、家庭用も2010年ごろの商用化を見込んでの実用試験が進められている。

また工業用途としては、一部すでに実用化している。ただ製造コストが高いので、それが下がって誰でも買える水準になれば、家庭用も一気に普及するんじゃないかな。

そして、最後にバイオマス発電。これは、もう完全に実用段階。スウェーデンやドイツ、アメリカ、日本が先進国だね。バイオマス発電は生ゴミをはじめとする有機物を燃やすことでメタンガスを発生させて、それを電力に変えていく技術なんだ。

バイオマス発電や燃料電池は、電力だけでなく熱も発生する。この熱を有効活用して、地域暖房などに用いることができれば、エネルギー効率を一段と高めることができるんだ。

どうだろう。代替エネルギーというと、何となく遠い未来の話のようにも思えるけれど、決してそんなことはない。風力発電や太陽電池、燃料電池、バイオマス発電は、もう実用化の段階まできているんだ。

あとは、政治がどう国家戦略を用いて、この分野における活動をバックアップしていくか。それ次第で、代替エネルギーが一気に普及していくかどうかが決まってくる。

代替エネルギー普及の先に待つものは？

代替エネルギーの最大の特徴は、小規模の施設があれば、その地域における必要電力のかなりの部分を、賄《まかな》うことができるところにあるんだ。

風力発電やバイオマス発電など、すでに実用段階にきている代替エネルギーを上手に組み合わせれば、かなりの需要をカバーできる。

これは燃料電池のひとつの試みとして、アメリカで実験が始まったことなんだけど、たとえば燃料電池を積んだ自動車を夜間に停めておく時、その燃料電池に水素を送り込むプラグを差し込んで、自動車に積んである燃料電池を、簡易発電所にするという計画があるんだよ。燃料電池車2万台分で、原子力発電所1基に匹敵する電力を発生できるそうなんだ。

つまり、必要な地域、あるいは家庭、はたまた工場やビル単位ごとに、小さな代替エネルギー施設を保有すれば、何もダムや原子力発電所のような巨大施設を作って、そこから長い送電線を用いて、延々と電力を運ぶ必要もなくなる。そのほうが、環境保全という意味でもずっといい。

大事なことは、日本の政治家が、国家的戦略をもって、エネルギー政策を推し進めることができるかどうかなんだ。

でも、逆に考えれば、既存の電力会社にとっては非常な脅威になると思うよ。だって、地域や家庭ごとに代替エネルギー施設が築かれたら、もう大電力会社なんて不要になるかもしれないんだから。

結論としては、代替エネルギーは、日本をエネルギーの輸出大国にするとともに、大電力会社の淘汰《とうた》につながるという、一大パラダイムシフトが起こるということなんだ。

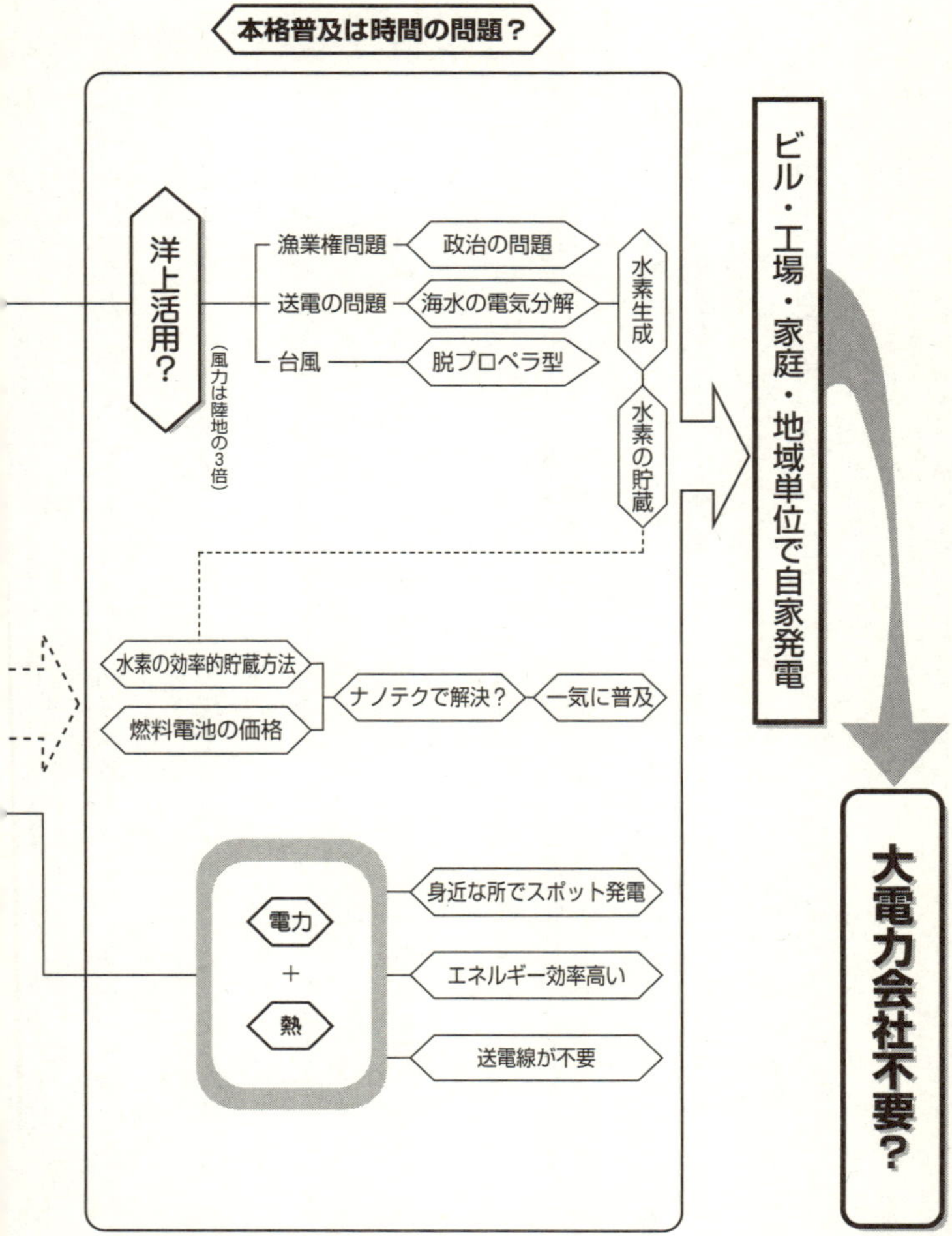
本格普及は時間の問題？
洋上活用？
（風力は陸地の3倍）
漁業権問題
政治の問題
送電の問題
海水の電気分解
台風
脱プロペラ型
水素生成
水素の貯蔵
水素の効率的貯蔵方法
燃料電池の価格
ナノテクで解決？
一気に普及
電力
＋
熱
身近な所でスポット発電
エネルギー効率高い
送電線が不要
ビル・工場・家庭・地域単位で自家発電
大電力会社不要？

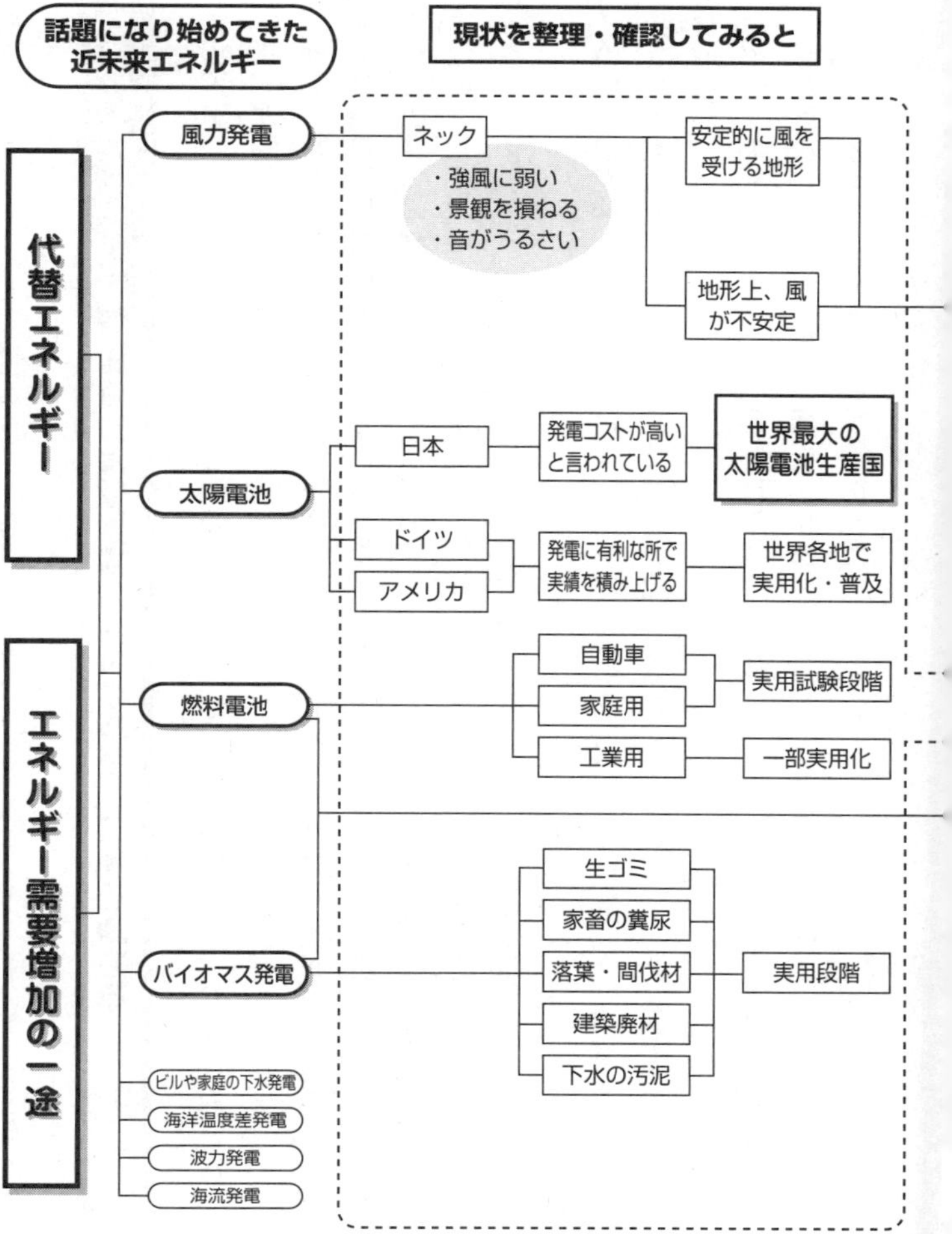

話題になり始めてきた近未来エネルギー
現状を整理・確認してみると
代替エネルギー
エネルギー需要増加の一途
風力発電
ネック
・強風に弱い
・景観を損ねる
・音がうるさい
安定的に風を受ける地形
地形上、風が不安定
太陽電池
日本
発電コストが高いと言われている
世界最大の太陽電池生産国
ドイツ
アメリカ
発電に有利な所で実績を積み上げる
世界各地で実用化・普及
燃料電池
自動車
家庭用
実用試験段階
工業用
一部実用化
バイオマス発電
生ゴミ
家畜の糞尿
落葉・間伐材
建築廃材
下水の汚泥
実用段階
ビルや家庭の下水発電
海洋温度差発電
波力発電
海流発電

なるほどポイント⑥　資源力より技術力がエネルギー市場を制する

鉱物資源に頼っていた時代が、石油の枯渇によって、あるいは原子力の安全性やCO_2問題、地球温暖化など、いろいろな問題へと発展して、そろそろ限界に達しつつある。しかし、だからといって、エネルギーがなくなったら、世界はどうにもならない。エネルギーの需要は絶対になくならないし、もっともっと大きくなる。そして、そのエネルギーを作り出す方法論を根本から変えてしまうのが、ハイテクエネルギーなんだ。鉱物資源やその他の天然資源を燃やしたり、活用することでエネルギー源にしていた時代から、いよいよハイテクエネルギーの時代に大きくシフトする大転換点が近づいている。

この大転換点は、ものすごいビジネスチャンスであるだけではなく、政治家を始めとして大きな国家戦略を立てる人にとって、歴史に名を残すまたとないチャンスと言っても過言じゃない。

ハイテクエネルギーは、石油など地下埋蔵資源とは違い、工業生産できるエネルギーなのだ。高度な技術力と工業生産能力さえあれば、エネルギー自立ができてしまう。日本はエネルギー生産大国になる最右翼なのだ。

もし僕が日本の首相、あるいは絶対的権限を持つ大統領だったら、ハイテクエネルギーの普及を国家戦略にする。具体的な方法論は後述するけれど、ハイテクエネルギーの普及、発展に目いっぱいの予算、たとえば10兆円ぐらいを投入する。

そして、可能な限り早く、日本全体のエネルギーインフラをハイテクエネルギーに替えるという国家戦略のもとに、実験、普及、なおかつ技術の習熟、あるいは生産体系の整備を、とにかく世界中のどこの国よりも早く確立していく。すると、日本はエネルギーの輸出国になれるはずなんだ。

エネルギーを制する者が世界を制する

太陽電池でも、燃料電池でも、もし日本がハイテクエネルギーの輸出国になったら非常に優位に立つことができる。というのも、エネルギー輸出に関してだけは、貿易摩擦は起こり得ないからね。どこの国にとっても、エネルギー問題は命に直結する。どんなに価格が上がろうとも下がろうとも、国内産業を圧迫しない限り貿易摩擦は起こらない。

ハイテクエネルギーの分野で、世界に対して大きな影響力を持つようになったら、政治的にも外交的にも、ものすごく有利に働くはず。エネルギーを制することは、軍事力をも制することになるのだから。

軍事やバイオテクノロジーの分野では、確かに日本はアメリカの後塵《こうじん》を拝しているけれど、ハイテクエネルギーで世界を断トツにリードしてしまったら、立場は大きく逆転するだろうね。

しかもハイテクエネルギーは、高度な技術力と、極めて効率的な工業生産力が必要なんだ。この2つをきちんと持っている国って、実は世界にはあまりない。日本を筆頭に数ヵ国のみ。

だからこそ、その両方を持っている日本は、世界を一気にリードするチャンスに直面しているんだ。ハイテクエネルギーは工業生産品だから、国内に工場さえ建てれば、いくらでも作ることができる。そして、それを輸出してやればいい。

ハイテクエネルギーの普及によって、石炭や石油の消費が減れば、CO_2問題の解決にもなる。ここに10兆円の国家予算を投入しても、最終的には何倍にもなって戻ってくる。どのくらいのリターンが得られるかは、正直なところ、まったく計り知れないほどなんだ。

市場を作って普及を促進させる国家戦略

ハイテクエネルギーを普及させるための具体的な方法論について、考えてみよう。成熟経済の運営でカギを握っているのは「市場」なんだ。

今までの日本だったら、「助成金」の形で企業や研究所、大学あたりに予算を投入したけれども、成熟経済では、まず市場を作ってしまうことに力点を置く。

太陽電池でも燃料電池でも、それを導入しようとする企業や店舗、オフィスビル、あるいは家庭、個人を対象に助成金を出して、安く導入できるようにしてやる。

具体的には、10兆円の予算を市場創出の起爆剤とすべく、全額を企業や個人のハイテクエネルギー導入の助成金としてやるのだ。

発電量に応じて国から助成金が出るから、需要サイドは一部自己資金を投入して、太陽電池やバイオマス発電を設置しようとする。合計すると20兆円以上の需要が創出される。20兆円の市場が生まれるとなれば、供給サイドに立つ企業は色めきたって、研究開発を進めるはず。そして、研究開発や設備投資を行うために、企業は自分たちのお金を投入する。すると、トータルではもっと大きなお金が動く。

つまり10兆円の国家予算で市場を作ることが呼び水になり、全体で30兆円のお金が動くんだ。

仮に、全部あわせて30兆円以上の資金が動いたら、それだけで日本経済にとっては、6%の成長要因になる。ITよりもエネルギーのほうが、はるかにビジネス規模が大きいし、はるかに戦略的。言うまでもないと思うけど、ものすごい景気対策になるはず。

日本経済の活性化、あるいは景気対策の目玉にもなるし、なおかつエネルギー自立を図り、世界を制覇することも夢じゃない。

ハイテクエネルギーは鉱物資源と違って、埋蔵量はいっさい関係ない。あくまでも人間の智恵と生産力を用いることによって、いくらでも先に進めることができる。しかも日本には高度な技術力があるし、世界に冠たる工業生産力もある。

国家戦略的なインセンティブを与えてやれば、日本経済の至るところで普及するのは、間違いない。そのうえ、エネルギー生産工場がどんどん作られるから、自動車工場やテレビ工場が海外に移転したとしても、製造業の空洞化に怯《おび》えることもない。

発展途上経済の考えでいくと、企業に助成金を出すことによって、技術開発を促進させたけれど、成熟経済ではまず市場を作ってしまう。あとは、企業自身が、そこに参加するかどうかを決めて、自由に競争させればいい。

それをハイテクエネルギーの普及という国家戦略で実験してみる価値は、あると思うよ。

第9章　食糧不足を解決する新たな市場の誕生

いよいよフローチャートも最終章。徐々に発想を飛ばすコツが飲み込めてきたかな？　最後は、エネルギー問題とともに、僕が長年にわたって、いろいろと研究してきた食糧問題を取り上げて、シメにしようか。何しろ、人間は食べていかなければ生きていくことができない。それだけに将来、世界的に食糧問題が深刻化すれば、それは人類の存続にかかわる大問題になる。

だからこそ、今から食糧問題を克服するためのソリューションを考えておかなければならない。こういうスケールの大きな問題を、すっきりと頭のなかで整理しておくためには、やはりフローチャートの発想に基づいた論理的な思考が、非常に役立つんだ。

じゃ、始めるよ。どう、手始めに「食糧問題」という言葉を置いて、どんどん発想を飛ばしてみようか。

ダメ？　問題のスケールが大きすぎて、何から始めればいいのか、見当がつかないって？

そういう時は、まず「なぜ食糧問題がクローズアップされてきたのか」ということで、原因を探ることから始めてみよう。

世界の食糧危機を招く3つの問題

それじゃあ、今、どうして食糧危機が世界的に問題にされているのか、その原因について考えてみようよ。さ、原因を挙げてみて。

うん、人口の増加ね。日本を始めとする先進諸国では、むしろ人口の高齢化が進んでいて、一方で子供の数が減っているから、将来的には人口が減少傾向をたどる可能性が高いよね。問題は、発展途上国における人口爆発。

これはざっくりとした推計なんだけど、今、地球上では１分間で１２０人、１日で17万人、１年間で６３００万人も、人口が増えていると言われているんだ。国連の数値によると、１９９９年の世界人口が約60億人。それが２０１０年には68億人に増え、さらに２２００年には１１６億人に達するとしている。

その一方で、地球に住める人口の限界は１１６億人と言われていて、だから国連も２２００年までの人口推計しか発表していないんだ。極端な話、西暦３５００年になるまで、今のペースで人口が増え続けたら、それこそ地球の上に人間が立っていられないほどになってしまう。怖い話だよね。

他には？　そう、各国の経済発展の問題がある。もちろん、経済発展はある面で、僕たちの生活を豊かにしてくれるんだから、いい面もあるんだけど、やはり経済力が高まってくれば、多くの人は、経済水準と見合った贅沢《ぜいたく》をしたくなる。極端な話をすれば、今まで粟《あわ》やひえばかり食べていた民族が、突然、経済的に豊かになれば、もっと美味《おい》しいものを食べたくなるに決まっているでしょ。

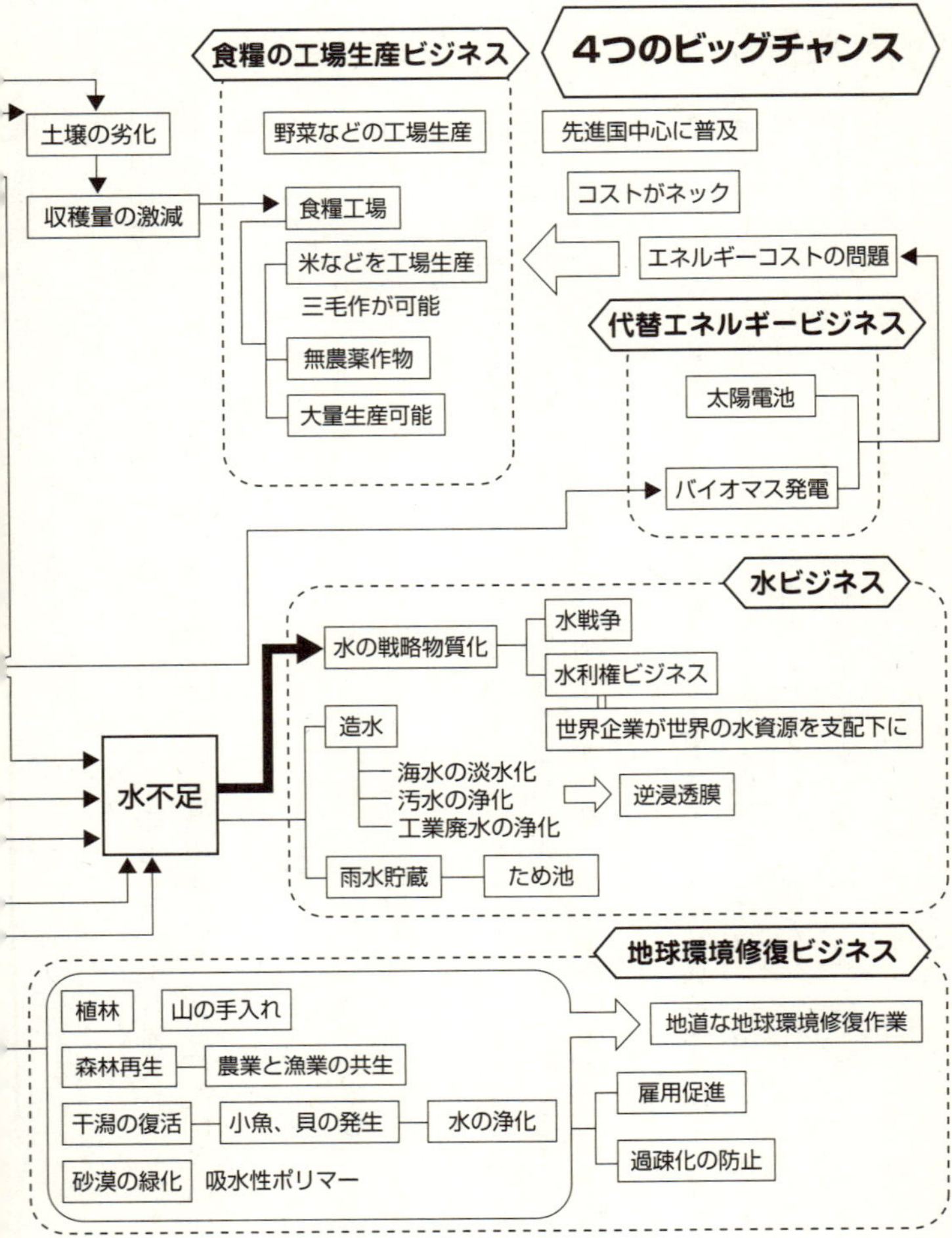
4つのビッグチャンス
食糧の工場生産ビジネス
野菜などの工場生産
先進国中心に普及
コストがネック
土壌の劣化
収穫量の激減
食糧工場
米などを工場生産
三毛作が可能
無農薬作物
大量生産可能
エネルギーコストの問題
代替エネルギービジネス
太陽電池
バイオマス発電
水ビジネス
水の戦略物質化
水戦争
水利権ビジネス
世界企業が世界の水資源を支配下に
造水
海水の淡水化
汚水の浄化
工業廃水の浄化
逆浸透膜
水不足
雨水貯蔵
ため池
地球環境修復ビジネス
植林
山の手入れ
森林再生
農業と漁業の共生
干潟の復活
小魚、貝の発生
水の浄化
砂漠の緑化
吸水性ポリマー
地道な地球環境修復作業
雇用促進
過疎化の防止

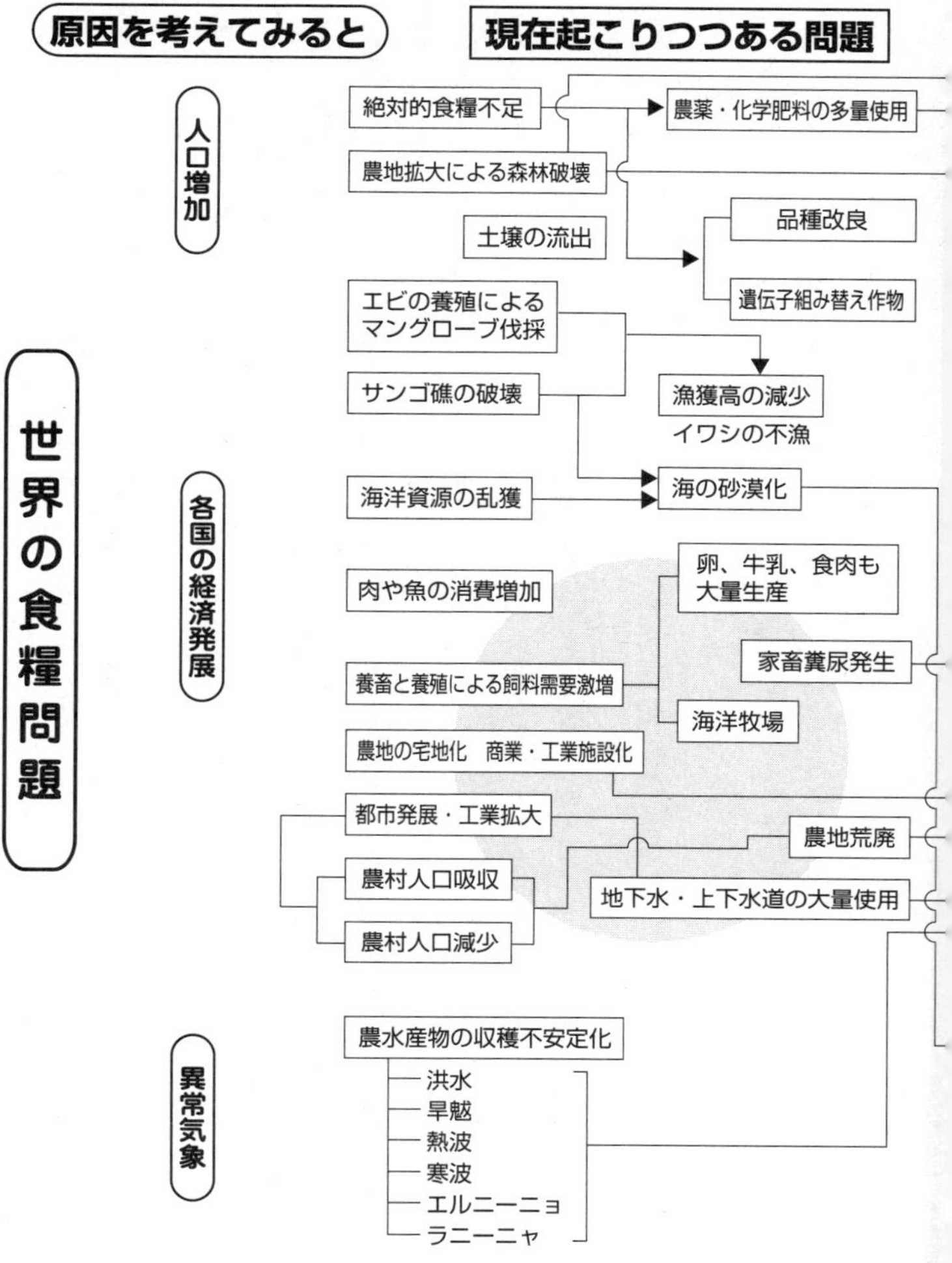
原因を考えてみると
現在起こりつつある問題
世界の食糧問題
人口増加
絶対的食糧不足
農地拡大による森林破壊
土壌の流出
農薬・化学肥料の多量使用
品種改良
遺伝子組み替え作物
各国の経済発展
エビの養殖による
マングローブ伐採
サンゴ礁の破壊
漁獲高の減少
イワシの不漁
海洋資源の乱獲
海の砂漠化
肉や魚の消費増加
卵、牛乳、食肉も
大量生産
家畜糞尿発生
養畜と養殖による飼料需要激増
海洋牧場
農地の宅地化　商業・工業施設化
都市発展・工業拡大
農地荒廃
農村人口吸収
地下水・上下水道の大量使用
農村人口減少
異常気象
農水産物の収穫不安定化
洪水
旱魃
熱波
寒波
エルニーニョ
ラニーニャ

まあ、他にも要因はたくさんあるんだけど、経済発展が食糧問題の原因であることは間違いない。で、今や世界でも最大の人口を抱える中国が、経済的に大きな発展を遂げていて、それにインドも追随している。

将来的に、世界的な経済発展がアフリカ大陸にまで広がれば、人口増加のペースから考えても、食糧危機がさらに加速することが十分に想像できる。

異常気象の問題も忘れちゃいけない。今や世界中で、地球環境保護が大きな人類的テーマになっているが、ここ数年の異常気象は、やはり環境問題に端を発していると考えるのが妥当でしょ。

後で詳しく説明するけれど、異常気象が食糧事情に及ぼす影響は、実は計り知れないほど大きなものなんだ。何といっても食糧、特に農作物は、自然との共存の世界で初めて成り立つものだから。当然、自然が破壊され、異常気象の問題が深刻化すれば、農作物にも甚大な影響が及んでくる。

「遠い国の出来事だから、私たちには関係ないよ」なんて考えていちゃダメ。日本の食糧自給率は、今や40%まで低下してしまっている。単純に考えれば、僕たちが口にしている、いろいろな食べ物の60%は、海外からの輸入に頼っているんだ。

ということは、食糧を輸出している国々で、異常気象による農作物被害が広まれば、たちどころに日本国内にいても、食糧危機が深刻化してくる。

経済のグローバル化と食糧の自由化が進んでいる以上、日本からは遠く離れた国の事情が、日本にも大きな影響を及ぼすことになるのは、当然のことなんだ。地球が狭くなったのは、何も交通機関の発展によるものだけじゃないんだよ。

すでに食糧危機の前兆が

「人口爆発なんて、まだ先の話。食糧危機が深刻化するには、かなり時間がかかる」なんて思っていたら、大間違い。さっき、食糧危機の原因として、「人口増加」、「各国の経済発展」、「異常気象」の3つを挙げたんだけど、これら3つに端を発したさまざまな弊害《へいがい》が、世界各国で生じているんだ。

すでに食糧危機の原因については挙げたから、次は、その原因を起点として、どんな影響が生じているかを考えてみようか。

まずは人口増加の問題。言うまでもなく、地球上の人口が加速度的に増えていけば、食糧そのものが足りなくなってくるよね。人口の増加に比例して、世界中で食糧の供給を増やすことは不可能。つまり、人口の増加と、食糧供給スピードのアップとでは、当然、前者のスピードのほうが速いので、食糧供給態勢が追いつかなくなっちゃう。そうなれば、一人ひとりの口に入る食糧は、どうしても減らざるを得ない。

もちろん、食糧が足りないから、何とか食糧供給を増やそうとして、いろいろな試みは行われる。もっとも単純なソリューションとしては、たとえばどんな方法が考えられる？

　そうだね。単純に考えれば、農地を増やしてやればいい。そうすれば、今よりも多くの農作物を収穫することができる。

　たとえば、これは特に途上国によく見られる方法なんだけど、森林を伐採して農地を拡大する。あるいは野放図な焼き畑《ばた》農法がとられる。焼き畑とは、草木を燃やしてその跡地に畑を作るという農法のことで、太古の昔からよく使われている農法なんだ。

　ただ、この農法だと森林伐採が環境破壊につながるし、燃やされた草木の養分を使い切ると、しばらくその土地は使い物にならなくなってしまう。すると、また新しい畑を作るために森林を燃やし、そこの養分がなくなったら、また別の森林を燃やすことになる。これを繰り返していくと、どんどん土壌がやせ細ってしまうんだ。

　もちろん、農地を増やすだけでなく、農薬や化学肥料を大量に使って、生産の効率化をはかるという手もあるんだけど、これもいきすぎると、結果的には土壌の劣化につながるよね。

　たとえばアメリカなどは、大規模農園に化学肥料を大量に使用するなど、いわば生産効率重視の農法を、長いこと続けていたんだけど、その結果、土壌が荒れてしまって、逆に生産効率が下がってしまう恐れが生じてきている。農薬や化学肥料の多量の使用は、一時的には農業の生産効率を高める効果が得られるんだけど、長い目で見ると、むしろ弊害も目立つんだよ。

また森林が破壊されると、洪水が発生しやすくなって、土がどんどん、海に流されていってしまう。これも土壌劣化の大きな要因。しかも、土壌の流出が進むと、たくさんの養分を含んだ土が必要以上に海に流されるから、海洋プランクトンが異常発生して、海洋資源の破壊をも招く。

海洋資源の破壊が進めば、海の砂漠化現象が一段と進んでしまう。畑もダメ、海もダメなんてことになったら、人間の食糧はどんどん減ってしまうよね。農地を増やそうとしてとった行動が、さまざまなプロセスを経て海洋資源の破壊をも招いてしまう。

つくづく自然というものは、微妙なバランスの上に成り立っているんだということを、実感させられるよね。

どうして、海洋資源の乱獲が加速してしまったのだろう。いろいろ理由は考えられるけれど、そのひとつが「各国の経済発展」なんだよ。

さっきも説明したけれど、中国やインドなど、それまでは途上国とみなされてきた国で、どんどん経済が発展・拡大している。国民ひとりあたりの経済力も高まってきているよね。経済力がついてきたことで、たとえば中国でもグルメ化が進んでいる。穀物中心から、肉や魚中心の食事が増えてきているんだ。

そうなると、養畜や養殖を行うために、飼料の需要が急増してくる。たとえば、鶏の正肉1キログラムを生産するのに必要な飼料は4キログラムだけど、豚だと7キログラム、牛だと11キログラムも必要なんだ。グルメ化によって牛肉の需要が高まれば、それだけ多くの飼料も必要になるってこと。

また養殖は、これまた海洋資源の破壊につながる面もある。たとえばエビの養殖のために、フィリピン沿岸などのマングローブが大量伐採されているという事実を知っているかな。ちょっと話が戻っちゃうけど、マングローブの破壊は、そこに生息しているイワシなどの小魚類の生態系にも影響を及ぼすんだよ。

ところで各国の経済発展は、世界の食糧の需給バランスに影響を及ぼすだけじゃない。中国に見られるように、今、急速に経済発展を遂げようとしている国は、工業化の道をひた走っている。昭和30年代の高度経済成長期にあった日本と同じように。今や、中国は世界の工場とまで言われるようになってきたよね。

そして、上海など沿海部を中心に都市化、工業化が加速している。すると、内陸部に住んでいた人たちは、より高い生活水準を求めて、こうした都市部に流れ込んでくる。そうなると……？

そう。農業の中心地だった内陸部の人口が減少してしまう。沿海部の都市化・工業化によって農村人口が吸収されてしまうんだね。

農村に人がいなくなってしまったら、田畑は荒れ放題になってしまう。しかも、都市の発展や工業拡大によって、大量の地下水が汲《く》み上げられるから、水不足という問題も生じてくる。これについては、もうちょっと先で、詳しく説明しよう。

そして、食糧問題の３つ目の原因である「異常気象」。ざっと挙げていくと、洪水や旱《かん》魃《ばつ》、熱波に寒波、エルニーニョ現象にラニーニャ現象と、いろいろあるわけだけれど、これらがもたらすものは、農水産物の収穫不安定化という問題。そして、この異常気象の問題は、急速に進んだ工業化、都市化によってもたらされた環境破壊に端を発しているというように、人口増加や各国の経済発展などが複雑に絡んで生じている問題でもあるんだ。

たとえば、中国やインドなどの経済発展にともなって、今後さらに自動車に乗る人が増えることになると、CO_2の問題がさらに深刻化して、地球温暖化現象を今以上に引き起こす恐れが生じてくる。さっきも言ったけれど、自然は、きわめて微妙なバランスの上に成り立っているものだから、地球の平均気温が数度上昇しただけでも、あらゆる生態系のバランスに狂いが生じてしまうんだ。

異常気象の問題は、野放図に経済の拡大・発展を行ってきた人類に対する警告でもあるんだ。

食糧問題解決に４つのビジネスチャンス

さて、このように食糧問題が、人類の未来に暗い影を落としているのは事実。でもそこで、食糧を巡って民族紛争が多発する、人類滅亡へのシナリオだ、なんて暗い話ばかりしていても、何も始まらない。

過去の歴史を振り返ってみれば、これまでだって幾度も、人類は危機的状況に直面してきた。それを皆が力を合わせ、智恵を振り絞って解決してきたんだ。

食糧問題だって同じ。確かに人類の生存にかかわる深刻な問題であることに違いはないけれど、必ずどこかに解決するための方法はあるはずだよ。

これまで勉強してきたフローチャートの手法を用いて、明るい人類の未来を考えてみよう。それがひいては、長期投資をするためのヒントにつながれば、もっといいことだよね。

さて、再びフローチャートに戻ろうか。

絶対的食糧不足に対応するためのソリューションとして、どんな方法が考えられるだろうか。

そう。品種改良や遺伝子組み替え作物、そして農薬や化学肥料を用いることによって、収穫高を増やすという手が考えられるよね。ただ、農薬や化学肥料の多量の使用は、これまでも行われてきたことだけど、結果的には土壌汚染につながってしまう。それは一見、収穫高を増やす方法のように見えて、実はそうではないんだね。そこで生き残ってくるソリューションが、品種改良であり、遺伝子組み替え作物なんだ。

さて、ここで食糧問題の第一のソリューションであり、ビッグビジネスになるかもしれないものが登場してくる。それは「食糧の工場生産ビジネス」なんだ。

食糧を工場で作る？　あまりイメージが浮かんでこない？　確かに食糧、特に農作物といえば、お日様の下、畑や田んぼで育てるというイメージが強いだろうからね。

でも、実際にはすでに、食糧の工場生産はスタートしている。それも、品種改良や遺伝子組み替え作物とセットでね。たとえば、植物の生長に必要な光の波長だけを取り出した半導体レーザー技術を用いて、それを稲などに照射して育成する実験も行われているし、きのこなんかは、すでに工場生産が活発に行われていて、スーパーなどに並んでいるじゃないか。

稲も、品種改良によって、通常の稲穂の２分の１くらいの高さしかないものも登場してきている。この稲を使って、人工太陽の下で育てることができれば、たとえば建物のなかに２層、３層と人工の田んぼを作ることによって、生産効率を上げることも可能なんだ。さらに、季節を人工調節することによって、三毛作だって可能になるかもしれない。食糧の工場生産ビジネスは、ものすごい可能性を持っているんだ。

ただ、ネックになっているのは、コストがまだまだ高いということ。人工太陽を作るにしても、工場を稼動させるにしても、大量の電力が必要になってくる。電力には当然、コストがかかってくるから、それを価格に織り込まなきゃならない。そうすると、自然の太陽の下で作られた農作物に比べ、どうしても割高な価格設定にせざるを得なくなっちゃうんだ。

だから、コスト問題さえ解決できれば、食糧の工場生産は一気に普及していくと思うよ。

代替エネルギーと食糧工場のセット

第二に浮かんでくるビッグビジネスは、各国の経済発展によって、肉や魚、なかでも家畜に対する需要が高まることで、派生的に生まれてくるものなんだけど、わかるかい？食肉需要が世界的に高まって、結果的に食肉の大量生産が行われた場合、家畜から発生する大量の糞尿をどう処理するかという問題が生じてくる。

さあ、ここで頭を働かせて。ここまでいろんなテーマについて、フローチャートを作ってきたけれど、そのなかで、糞尿を有効活用するためのソリューションが、どこかになかったかい？

そう、バイオマス発電だよ。有機物を分解して、そこから発生する熱を活用して、発電させる技術。これを用いて、地域ごとに小さなバイオマス発電施設を作れば、きわめてローコストな電力を供給できるようになるはずだよね。

では、バイオマス発電によって生み出されたローコストの電力を、何に活用すればいい？

そうそう。さっき、食糧の工場生産はコストがネックになっていると説明したばかりだよね。さあ、つながったじゃないか。バイオマス発電によるローコストの電力供給。そして、太陽電池技術などを用いれば、食糧工場に安い電力を供給できるようにならないかい？

そうなると、代替エネルギービジネスと、食糧の工場生産ビジネスは、セットで大きく発展していく可能性を秘めている、と考えることができるんじゃないかな。

まだまだ、食糧問題をキーワードにしたビッグビジネスはあるよ。

たとえば水不足。エネルギー不足によって、原油が戦略物資になったのと同様に、世界的に水不足という問題がクローズアップされれば、今度は水が戦略物資になる可能性が出てくるよね。

実際、あまり目に見えないので現実感がないんだと思うけど、世界的に水不足は、かなり深刻な状況にあるんだ。

ちなみに、この半世紀の間に、水の需要は3倍にも伸びたと言われている。工業用水を賄《まかな》うために、あるいは穀物生産のために、ディーゼルポンプや電動ポンプが世界的に普及して、それが地球規模の水不足をもたらしたんだね。

１トンの穀物を作るのに必要とされる水の量は１０００トン。人口が増加し、都市化や工業化が進めば、それだけ水はどんどん不足することになる。水を巡っての武力衝突なんてのも、決して小説の中だけの話じゃなくなってくるかもしれない。すでに、フランスのビベンディという企業は、世界の水資源を支配下に置こうとして、世界各国で水利権の確保に動いているくらいなんだ。水と空気はタダなんて考えている国は、日本くらいのものかもしれないね。

深刻な水不足が巨大市場を作り出す

では、僕たちはどうすればいいのだろう。水利権の確保を目指して、他国の企業としのぎを削るかい?

いやいや、そんなことをしても、醜い争いが起こるだけ。将来、水資源が不足するからといって、限りある資源を独り占めにするなんて、スマートじゃないよね。

よく考えてごらん。地球は水の惑星。地球の表面積の約70%を占める海の水を上手《うま》く利用することによって、水不足を解消できるかもしれないんだ。

しかも、日本は世界に冠たる技術大国。高い技術力をもって、水資源の不足を解決するための方法を考えようじゃないか。

そこで注目される技術が、「逆浸透膜」と呼ばれるものなんだ。

この技術は、すでに浄水器などにも活用されているんだけれど、要は、人工的に塩水に圧力を加えることによって、浸透膜を通じて真水だけを取り出すことのできる技術なんだよ。

この技術を用いれば、海水はもちろんのこと、汚水の浄化や、工業廃水の浄化にも使うことができる。その結果、地球上にある水の大部分を占める海水を、飲料用などに転換できるだけでなく、一度使って汚れた水の再利用にも役立てることができるんだ。

他にも、水資源を有効に活用する技術があるよ。雨水の利用やため池技術なんかがそれ。ため池なんて、ちょっと古臭いけど、日本でも古く讃岐《さぬき》地方の農民なんかは、もともと水不足に悩まされていただけに、ため池技術を用いて、農業を成り立たせてきたんだ。古い技術でも、決して馬鹿にしてはいけないよ。

雨水の利用も、これからは確実に注目されてくるはず。植木への散水や洗車、あるいは水洗トイレの洗浄水なんかは、雨水でも十分に用が足りるよね。だから、屋根や屋上、ベランダからの雨水をタンクに貯蔵して、雑用水、防火用水に用いるんだ。

特に日本は、年間平均で１８００ミリもの雨が降る。日本の街中で雨水利用を促進すれば、環境破壊までして巨大なダムを作る必要もなくなるかもしれない。雨水利用は単に水資源の確保というだけでなく、環境破壊問題のソリューションとして、非常に大きな可能性を持っていることを、覚えておくといいよ。

まあ、いろいろと説明してきたけど、第三のビッグビジネスとは、水ビジネスのことなんだ。

そして第四のビッグビジネスは、異常気象から派生した形で生まれてくる、地球環境修復ビジネスともいうべきもの。環境破壊もここまで進むと、あとは地道な努力で、少しでも環境を取り戻していく努力が、僕たち人類には求められてくる。

たとえば、破壊された森林を取り戻すために、山の手入れや植林事業なんかが注目されてくるだろうね。こうした森林再生ビジネスは、土壌の流出を防ぎ、海洋汚染を食い止めるという意味で、農業と漁業の共生をはかるための事業として、もっともっと注目されてもいいんじゃないかな。

さらに言えば、干潟《ひがた》の復活。小魚や貝にとって生存しやすい環境を整えてやることで、水質浄化にもつながる。

そして砂漠の緑化事業。水不足の影響や環境破壊によって、今や世界的に砂漠化現象が加速している。世界中で毎年毎年、日本の九州と四国を合わせた面積、約600万ヘクタールもの土地が、砂漠化していっているんだよ。それを防ぐための技術も、これからはビッグビジネスとして注目されてくるはずだよね。

砂漠の緑化事業は、世界的にさまざまな実験が繰り返されていて、たとえば紙おむつに使われている吸水性ポリマー技術を活用するなんて方法も考えられているんだ。

地球環境修復ビジネスが拡大・成長すると、地球環境保護や食糧問題の解決だけでなく、他の副産物的な効果も期待できるんだ。たとえば、それがビジネスとして成立するようになれば、当然のことながら雇用の促進につながるよね。

また、農村人口が激減して、農地荒廃を招いているような地域で、この手のビジネスを発展させていけば、過疎化の防止にも役立つはずだよ。最新の技術でもって緑地化を進めるんだ。

人類の未来にとって非常に大切な仕事なんだから、やりがいもあるはず。そういうビジネスなら、若い人だって仕事に誇りをもって、地元で仕事をし、そして暮らしていけるでしょ。

よくよく考えてみれば、代替エネルギービジネスだって、各地方にスポット的な発電施設を作って、そこでエネルギーを作っていこうという試みなんだから、やはりこれも地方の雇用促進や、過疎化の防止に役立つはずなんだ。

つまり、食糧問題のソリューションとして考えられるビジネスは、実は地方経済の活性化にもつながる可能性を秘めているんだよ。

どうだろう。食糧不足は確かに人類にとって深刻な問題には違いないんだけど、皆が智恵を出し合っていけば、このように、いろいろなソリューションが見つかるはずなんだ。

そして、それらを支える技術が、将来のビッグビジネスとして育っていく。こういうビジネスを発見して、「お先に失礼」の精神でもって、先に先に布石を打っておく。これこそが長期投資の醍醐味《だいごみ》であり、それを支えるのが、フローチャート式の思考法なんだよ。

なるほどポイント⑦ 長期投資的「宝の山」の探し方

エネルギーも食糧も、また環境も、僕にとっての3大テーマのひとつ。これらについてはもう30年以上も追いかけていて、自分の投資対象といえば、この3つしかないわけ。最終章は「食糧問題」を取り上げたけれど、そのなかには、大きく分けて2つの流れがある。

ひとつは、絶対的な食糧不足。食糧難だよね。これは世界的に人口が増えてきており、避けることはできない。世界人口が100億人までいくかどうかはわからないけども、少なくとも2003年の世界人口である約63億人が、80億人になることは、ほぼ間違いない。つまり、あと20億人くらいは世界人口が増える。

なおかつ、世界経済が成長に向かって加速して、豊かさを享受《きょうじゅ》できる国が増えれば増えるほど、そこで生活する人たちの「食」に対する意識が変わっていく。粟やひえではなくて、「肉を食べたい」、「魚を食べたい」となるでしょ。

その結果、飼料としての穀物の絶対必要量が増えるわけ。そういう意味で、絶対的な食糧不足というものは避けられない。これをどう解決するか。その方法論のひとつとして、食糧工場などのアイデアが出てくるんだね。

ところが、もう一方の動きとしては、今までは肉や魚をたくさん食べ、贅沢をすることが豊かさの象徴であり、ひとつの目的だったけれど、それとは違った考え方も出てくるはずなんだ。

コスト意識を高めて食糧問題を考えると

というのも、食糧問題を始めとして、さまざまな社会・経済的な問題点が深刻化するなかで、人としての生き様《ざま》そのものが、もっと精神的な、全体的な豊かさを求めるようになる。何が何でも、値段の高いものを食べなければダメ、いつも肉や魚を食べなければダメという考え方とは、明らかに違った方向性が浮上することも、十分に考えられるんだ。

もちろん、トータリティを優先した生活を送るためには、自分で考え、自分を律し、行動する必要がある。それとともに、取捨選択をする必要もあるよね。

世界的な人口増加がもたらす食糧難は、避けることができない。つまり、絶対的なニーズの高まりは、避けようがないけれど、そういうなかで、ある程度、自分たちをコントロールすることによって、確かに量は少なくても、より質の高い、よいものに切り換えていくという動きは、そろそろ出てくるはず。

たとえば露地野菜じゃないけれども、産地直送のものを買う。多少、値段が高くてもいい。そういう消費行動だよね。

だから、量から質への転換じゃないけれど、新しいビジネスチャンスが、そこに生まれてくる。

たとえば、食糧にしてもコストを意識するということ。今までは大量生産、大量消費、大量廃棄のなかで、食糧でさえ非常に無駄に捨てられてきた。バイキング料理なんか典型例で、お皿に食べきれないほど盛って、結局は食べきることができずに残してしまう人って、大勢いるよね。ところが、欧州やアメリカに行って、バイキングスタイルの食事をすると、まず、食べきれずに残すという人がいないんだ。自分で、自分の食べる量だけ取っていく。そして、残さない。

おそらくそれは、こうした無駄がどれだけコストになっているかとか、意味のないことかということが、しっかり理解されているからなんだ。料理にしても、余分に作るから、それが食糧問題に影響する。

そして、もっと食糧危機の問題を意識するようになると、逆によけいな量を作らなくなる。でも、それは決して、経済規模の縮小を意味するものではない。確かに、バイキングに供される食事の量は減っても、一方で、より高級な食材を用いて、少量のみを供するというスタイルが出てくるからなんだ。

これが、ビジネスチャンスにつながる。なぜなら、経済は動いたお金の量だから。たとえ食事の量は減ったとしても、食材の値段が高かったら、結局は同じことなんだ。100

0円札を1枚持っていって、1個100円のものを10個買うのと、200円のものを5個買うのとでは、確かに前者のほうが、モノの量としては多い。けれど、動いたお金の量としては、一緒なんだね。

だから、「量よりも質」じゃないけれども、消費行動の高度化が進めば、経済規模を縮小させることなく、トータルの消費量、供給量を減らしていくことができるんだ。

生命にかかわる問題こそ長期投資の対象

絶対的に食糧に対する需要は増えるし、いずれどこかで限界に到達する恐れもあるけれど、そのソリューションとして、食糧工場や野菜工場がどんどん出てくるし、その一方で使い分けが出てくる。

それが新しい農業生産、食糧供給態勢に影響してくる。新しいものが出てくる可能性がある。

長期投資の対象として、食糧はエネルギーなどと同様に、やたらおもしろいテーマなんだ。

長期投資の宝の山の探し方ではないけれども、食糧は、エネルギーと並んで人間の命に直結してくる。だからこそ、その絶対的な供給のネックには、ビジネスチャンスや投資チャンスが眠っているし、同時に、そういう流れのなかで、いつ人間の智恵をしぼった消費行動、食糧形態が出てくるのだろうか、といったことを考えていけば、長期投資の宝の山にあたる可能性もあるんだ。

繰り返すけれど、エネルギーと並んで食糧は、人間の命にかかわる問題だから、絶対になくなることはないし、膨大な量のお金が動くということ。この点を忘れてはいけない。

株式市場の参加者の間では、常にさまざまな投資テーマが模索されているけれど、そのほとんどは短命に終わってしまう。ＩＴブームなんて、もうずいぶん昔の話に感じるよね。

ところが、食糧やエネルギーのように、生きていくうえで絶対に必要なものを投資テーマに据えれば、もっとどっしりした運用ができるようになるんだ。

本書は、２００４年に小社から刊行された『図解　財産づくりの仕組み　フローチャート思考の長期投資』を、一部訂正のうえ、改題し文庫化したものです。

澤上篤人―1947年、愛知県名古屋市に生まれる。1970年より74年まで、スイス・キャピタル・インターナショナル社でアナリスト兼ファンドアドバイザーを務める。1973年、ジュネーブ大学付属国際問題研究所国際経済学修士課程修了。1980年、スイスのピクテ銀行日本代表、1986年、ピクテ・ジャパン代表取締役、1996年、さわかみ投資顧問株式会社代表取締役、そして、1999年、日本初の独立系投信委託会社・さわかみ投信株式会社を設立し、代表取締役に就任。長期投資の考え方を共にできる顧客を対象に、長期保有型の投資信託「さわかみファンド」を運営。7万人を超える顧客を抱え、約2000億円の資金を運用している。
著書には『長期運用時代の大本命！ ファンド オブ ファンズ 入門』『"時間"がお金持ちにしてくれる優雅な長期投資』『あなたも「長期投資家」になろう！』（以上、実業之日本社）、『のんびり！ カンタン!! 幸せな長期投資』（経済界）、『知識ゼロからのお金持ち塾』（主婦の友社）などがある。

講談社+α文庫 さわかみ流《りゅう》 図解《ずかい》 長期投資学《ちょうきとうしがく》
――最後に勝つ、財産づくりの仕組み
澤上篤人《さわかみあつと》

2006年7月20日第1刷発行
2006年8月10日第2刷発行
発行者――野間佐和子
発行所――株式会社 講談社
東京都文京区音羽2-12-21 〒112-8001
電話 出版部(03)5395-3529
販売部(03)5395-5817
業務部(03)5395-3615
デザイン――鈴木成一デザイン室
本文組版――朝日メディアインターナショナル株式会社
カバー印刷――凸版印刷株式会社
印刷――慶昌堂印刷株式会社
製本――株式会社国宝社
落丁本・乱丁本は購入書店名を明記のうえ、小社業務部あてにお送りください。
送料は小社負担にてお取り替えします。
なお、この本の内容についてのお問い合わせは
生活文化第二出版部あてにお願いいたします。
Printed in Japan ISBN4-06-281041-7
定価はカバーに表示してあります。

講談社+α文庫 Ⓖビジネス・ノンフィクション

書名	著者	内容	価格	番号
「同和」中毒都市	寺園敦史	追及!! 京都に続発する同和事件!! 部落解放運動の暴走と京都行政の迷走を徹底検証!	743円	G 114-2
*世界最強 名古屋経済の衝撃	水谷研治	愛・地球博や中部新空港を実現する凄《すご》い底力。貿易黒字の9割を生む名古屋経済の秘密を!!	648円	G 115-1
警視庁ウラ金担当 会計責任者18年間の「仕事」	大内顕	日本警察の本丸・警視庁から広がった告発の炎!! 勇気ある捨て石となった著者の決断!!	743円	G 117-1
愛国心	田原総一朗 西部邁 姜尚中	メディアでも焦点の靖国問題、反日運動等を大幅加筆! ベストセラー待望の文庫化!!	838円	G 118-1
反ナショナリズム	姜尚中	帝国の妄想と反日運動に、台頭する日本のナショナリズムを読み解く! 待望の文庫化!!	838円	G 118-2
闇将軍 野中広務と小沢一郎の正体	松田賢弥	強権、利権、変節! 日本を手玉に取ってきた男たちの、力の源泉と〝裸〟の実像を暴く!!	838円	G 119-1
無情の宰相 小泉純一郎	松田賢弥	ぶち壊されたのは、愛すべき「家族」だった! 冷血政治家の正体と身内政治の実態を暴く!!	724円	G 119-2
自衛隊指揮官	瀧野隆浩	国家の安全はどう守られているか!? 直面した日本の危機に、指揮官はどう対処したか!?	743円	G 120-1
中国農民の反乱 隠された反日の温床	清水美和	中国「大乱」の予兆!! 頂点に達した貧困農民十億の不満。中国のアキレス腱《けん》を徹底取材	838円	G 121-1
朝日新聞記者が書いた「アメリカ人が知らないアメリカ」	近藤康太郎	取材日数のべ千日、新聞に書けなかった真実。二百以上の街で見たアメリカの「辺境」とは!?	686円	G 122-1

*印は書き下ろし・オリジナル作品

表示価格はすべて本体価格(税別)です。本体価格は変更することがあります